冲淤积平原区高液限黏土筑路理论与工程技术

蒋红光　姚占勇　姚　凯　著
产启刚　马川义　马立国

中国建筑工业出版社

图书在版编目(CIP)数据

冲淤积平原区高液限黏土筑路理论与工程技术 / 蒋红光等著. — 北京：中国建筑工业出版社，2022.9
ISBN 978-7-112-27626-4

Ⅰ.①冲⋯ Ⅱ.①蒋⋯ Ⅲ.①冲积平原－填筑－路基工程 Ⅳ.①U416.1

中国版本图书馆 CIP 数据核字（2022）第 132610 号

本书采用室内试验、数值模拟、理论分析和现场试验等方法对冲淤积平原区高液限黏土筑路理论和工程技术等相关问题开展研究。全书共分为 7 章，包括绪论、黄泛区高液限黏土的路用特性、黄泛区高液限黏土持水能力与强度特性、黄泛区高液限黏土动力特性、黄泛区高液限黏土改性技术、黄泛区高液限黏土直接填筑路基技术、黄泛区高液限黏土改性填筑路基技术。

本书可供土木工程、道路工程及其相关领域的科研、设计和施工人员参考。

责任编辑：杨　允
责任校对：赵　菲

冲淤积平原区高液限黏土筑路理论与工程技术

蒋红光　姚占勇　姚　凯
产启刚　马川义　马立国　著

*

中国建筑工业出版社出版、发行（北京海淀三里河路 9 号）
各地新华书店、建筑书店经销
北京红光制版公司制版
北京建筑工业印刷厂印刷

*

开本：787 毫米×960 毫米　1/16　印张：10¾　字数：215 千字
2022 年 8 月第一版　　2022 年 8 月第一次印刷
定价：60.00 元
ISBN 978-7-112-27626-4
（39137）

版权所有　翻印必究
如有印装质量问题，可寄本社图书出版中心退换
（邮政编码 100037）

前　言

随着国民经济高速发展，我国高速公路、铁路等交通基础设施建设发展迅速。在冲淤积平原区，如黄河中下游流域和珠三角等地区，存在大量高液限黏土，土体表现出天然含水率高、晾晒至最优含水率的工作量巨大、液限较高（45%～60%）、易吸水、保水性强、碾压过程易形成表层硬壳层及水分上移等特点。我国《公路路基设计规范》JTG D30—2015 规定：液限大于 50%、塑性指数大于 26 的高液限土不能直接用于路基填筑。该类地区的路基工程普遍缺方，若弃之不用，将造成巨大的经济损失和环境问题。因此，开展高液限黏土的筑路理论与工程技术研究，对于冲淤积平原地区路基工程建设具有重要意义。

本书采用室内试验、数值模拟、理论分析和现场试验等方法对冲淤积平原区高液限黏土筑路理论和工程技术等相关问题开展研究。全书共分为 7 章，内容包括绪论、黄泛区高液限黏土的路用特性、黄泛区高液限黏土持水能力与强度特性、黄泛区高液限黏土动力特性、黄泛区高液限黏土改性技术、黄泛区高液限黏土直接填筑路基技术、黄泛区高液限黏土改性填筑路基技术。

本书得到了国家自然科学基金（51608306）、山东省自然科学基金（ZR2021ME103）、中国博士后科学基金（2016M590636）、交通运输行业重点科技项目（2020-MS1-044）、山东大学青年学者未来计划科研基金、山东省交通科技计划项目（2016B21、2019B47、2021B63）的资助，在此表示感谢。本书研究工作是由山东大学、山东省交通运输厅公路局、山东高速集团有限公司、山东省交通规划设计院、济宁市公路管理局、中国铁建大桥工程局集团有限公司、山东齐鲁宁梁高速公路有限公司、中国建筑第八工程局有限公司等单位合作开展的，感谢商庆森、梁明、张吉哲、谷根明、王可、刘侠、高雪池、马晓燕、龙厚胜、马开勤、周磊生、陈鲁川、孙辉、齐辉、朱世超、迟朝明、毕玉峰、于坤、柳春生、刘源、许亮、宋波等为本书现场试验给予的帮助，感谢李景磊、赵庆、陈思涵、冯豪杰等研究生为本书理论分析和室内试验给予的帮助。

由于作者能力和水平有限，书中难免存在不妥之处，作者将以感激之心诚恳接受旨在帮助改进本书的所有读者的批评和建议。

蒋红光

2022 年 2 月于山东济南

目 录

第1章 绪论 ··· 1
- 1.1 高液限黏土的分类 ··· 1
- 1.2 高液限黏土物理力学指标 ··· 3
- 1.3 黄泛区高液限黏土 ··· 5
- 1.4 高液限黏土路基填筑技术现状 ··· 11

第2章 黄泛区高液限黏土的路用特性 ··· 15
- 2.1 基本物理指标 ··· 15
- 2.2 CBR 指标 ··· 21
- 2.3 回弹模量指标 ··· 23
- 2.4 毛细水上升高度 ··· 29

第3章 黄泛区高液限黏土持水能力与强度特性 ··· 32
- 3.1 土水特征曲线 ··· 32
- 3.2 直剪试验 ··· 35
- 3.3 平衡湿度及长期静稳定性 ··· 49
- 3.4 固气固水条件下的三轴试验 ··· 52

第4章 黄泛区高液限黏土动力特性 ··· 63
- 4.1 动三轴试验 ··· 63
- 4.2 动态回弹模量 ··· 67
- 4.3 累积动变形 ··· 79
- 4.4 路基动稳定性 ··· 88

第5章 黄泛区高液限黏土改性技术 ··· 98
- 5.1 石灰改性研究 ··· 98
- 5.2 粉煤灰改性研究 ··· 101
- 5.3 石灰与粉煤灰改性研究 ··· 103
- 5.4 固废基材料改性研究 ··· 105

第6章 黄泛区高液限黏土直接填筑路基技术 ··· 123
- 6.1 工程概况 ··· 123
- 6.2 试验段概述 ··· 124
- 6.3 试验路施工工艺 ··· 125
- 6.4 现场工程实例 ··· 127

6.5	试验路段沉降监测 ………………………………………	135
6.6	直接填筑的施工总结 ……………………………………	138

第7章 黄泛区高液限黏土改性填筑路基技术 …………………… 140

7.1	工程概况 ……………………………………………………	140
7.2	现场试验目的及要求 ……………………………………	140
7.3	试验段概述 …………………………………………………	141
7.4	试验段准备工作 ……………………………………………	142
7.5	试验路施工工艺 ……………………………………………	143
7.6	试验路数据分析 ……………………………………………	149
7.7	成本估算 ……………………………………………………	159

参考文献 ………………………………………………………………… 160

第1章 绪　　论

1.1 高液限黏土的分类

根据国家标准《土的工程分类标准》GB/T 50145—2007，土的分类应根据下列指标确定：

(1) 土颗粒组成及其特征；
(2) 土的塑性指标：液限 w_L、塑限 w_P 和塑性指数 I_P；
(3) 土中有机质含量。

土的粒组应根据表1-1规定的土颗粒粒径范围划分。

粒组划分　　　　　　　　　　　　　表1-1

粒组	颗粒名称		粒径 d 的范围（mm）
巨粒	漂石（块石）		$d>200$
	卵石（碎石）		$60<d\leqslant 200$
粗粒	砾粒	粗砾	$20<d\leqslant 60$
		中砾	$5<d\leqslant 20$
		细砾	$2<d\leqslant 5$
	砂粒	粗砂	$0.5<d\leqslant 2$
		中砂	$0.25<d\leqslant 0.5$
		细砂	$0.075<d\leqslant 0.25$
细粒	粉粒		$0.005<d\leqslant 0.075$
	黏粒		$d\leqslant 0.005$

对于细粒土，《公路土工试验规程》JTG 3430—2020 按照图1-1所示塑性图进行分类，细粒土分类规定如表1-2所示。

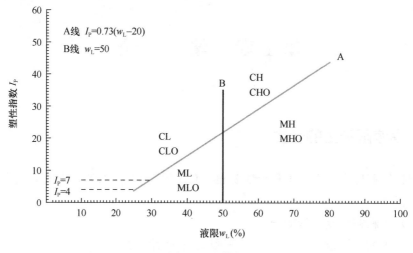

图 1-1　塑性图

细粒土的分类　　　　　　　　　　　　　表 1-2

土的塑性指标在塑性图中的位置		土类代号	土类名称
$I_P \geqslant 0.73(w_L - 20)$ 和 $I_P \geqslant 7$	$w_L \geqslant 50\%$	CH	高液限黏土
	$w_L < 50\%$	CL	低液限黏土
$I_P < 0.73(w_L - 20)$ 或 $I_P < 4$	$w_L \geqslant 50\%$	MH	高液限粉土
	$w_L < 50\%$	ML	低液限粉土

当 $w_L > 50\%$ 时，即图 1-1 中的 B 线右侧，统称为高液限土。其中 $I_P \geqslant 0.73(w_L - 20)$ 和 $I_P \geqslant 7$，即 A 线上方的土，称为高液限黏土。若高液限黏土土样在 105～110℃ 的烘箱中烘烤 24h 后，液限小于烘烤前的 3/4，则称为有机质高液限黏土。

在岩土工程领域，《岩土工程勘察规范》GB 50021—2001 根据粒径和塑性指数的不同定义粉土、粉质黏土和黏土。其中，粒径大于 0.075mm 的颗粒质量不超过总质量的 50%，且塑性指数小于等于 10 的土定义为粉土；塑性指数大于 10 且小于等于 17 的土定义为粉质黏土；塑性指数大于 17 的土定义为黏土。在水利工程领域，则根据砂粒、粉粒和黏粒的含量，按照《水利水电工程天然建筑材料勘察规程》SL 251—2015 中土的三角坐标分类，如图 1-2 所示。可见，不同行业领域的土体分类标准并不相同，即使对于同一类土体，也会因参考的标准不同，产生不同的土体命名。因此，需要进一步厘清土体物理力学等方面的特性[1-5]。

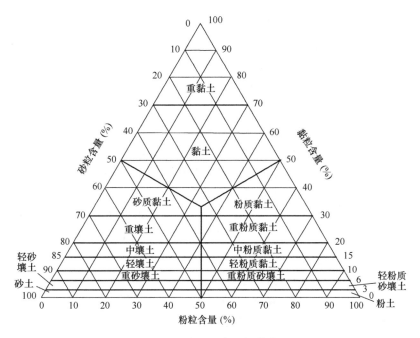

图 1-2 土的三角坐标分类

1.2 高液限黏土物理力学指标

近年来,诸多学者对我国不同地区高液限黏土的物理力学性质开展了大量研究,取得了丰富的研究成果。

李旭瑞[6]对江西地区的高液限黏土开展了相关研究,其液限 51.0%,塑限 21.5%,塑性指数 29.5;同时,进行了不同压实度下的 CBR 值、回弹模量、抗剪强度等室内试验研究。研究表明在最佳含水率下,当压实度从 90% 增加到 100% 时,其强度随压实度的增加而提高,CBR 值从 2.5% 提高到 8%,黏聚力从 30kPa 增加到 44kPa,内摩擦角从 18° 增至 40°,回弹模量从 20MPa 提高到 54MPa,高液限黏土的主要力学性质指标均随压实度的增加而显著提高。

刘江等[7]对福建厦门地区的高液限黏土进行了相关研究,其液限 53%,塑限 28%,塑性指数 25;同时,进行了不同击实功与不同含水率的浸水 CBR 试验。结果表明,CBR 强度最高值对应的含水率要大于最佳含水率且接近其天然含水率;随着含水率逐渐增大,所采用的击实功宜相应减小。

李秉宜等[8]对龙浦高速公路浙江段内的高液限黏土进行了相关研究,其液限 54%,塑限 28%,塑性指数 26,含水率 35.2%;同时,开展了不同工况下的无侧限抗压强度试验和CBR试验。结果表明，由于当地高液限黏土的水稳定性较差且具有一定的膨胀性，其无侧限抗压强度随着浸水时间的增加和干湿循环次数的增加而显著降低；CBR值在一定的干湿循环次数内会发生轻微增长，但随着干湿循环次数的增加，土体结构受到吸湿和脱湿的破坏作用，裂缝向较深层的土体内发展，试样的完整性和均一性都受到不可恢复的破坏，导致土体强度大幅度降低。

吴立坚等[9]对福建三明地区的高液限黏土进行了相关研究，其液限74.8%，塑限32.8%，塑性指数42，含水率35%～40%；同时，进行了详细的室内试验，得出含水率对压实功和强度的影响。结果表明，当土的含水率<25%时，无论其击实功如何，其CBR值均处于一个较低的水平（2%～4%）；当含水率位于25%～32%之间时，在中型（5×39）和重型（5×59）击实功下，其CBR值均超过6%，最高值可达11.5%，但在轻型击实功下的CBR值没有太大的区别，因此，当含水率<30%时，应强调击实功的影响；当含水率>32%时，其CBR值开始降低，与前者不同的是，随着击实功的增加，其CBR值并不相应增加，反而降低，逐渐表现出超压或软弹的现象，强度提高缓慢。但总体来说，其CBR值仍比低含水率（<25%）时要高，介于3%～6%之间。

田见效等[10]对国道207线广东廉江段的典型高液限黏土进行了相关研究，其液限65%，塑限33%，塑性指数32，含水率24%；同时，进行了部分室内外试验。结果表明，高含水率的特点使压实难以得到保证，尤其是路床部分的弯沉指标难以满足要求，为确保工程顺利进行并确保工程质量，必须对工程现场高液限黏土进行改性处理。

梁军林[11]对桂柳高速公路分布的高液限黏土进行了相关研究，其液限75%，塑限44%，塑性指数31，含水率36%；同时，进行了室内无侧限抗压强度测试。结果表明，在正常含水率下，压实无侧限抗压强度达200～400kPa，饱水后无侧限抗压强度急剧降低，仅为44～50kPa，可见饱水过程会大幅降低高液限黏土的强度。

刘顺青等[12]对广西地区的高液限黏土进行了相关研究，其液限58.3%，塑限28.5%，塑性指数29.8，含水率31%；同时，开展了不同含水率下的土体强度试验。结果表明，高液限黏土内摩擦角在含水率小于塑限时衰减缓慢，而含水率大于塑限后，内摩擦角快速减小，导致强度迅速降低。

陈晓平等[13]对广梧高速公路十八标段沿线大面积分布的高液限花岗岩残积土进行了相关研究，其液限63%，塑限28.3%，塑性指数34.7，含水率29.9%；同时，进行了抗剪强度测试。结果表明，虽然高液限花岗岩残积土具有较高的抗剪强度，但是强度指标不仅沿着深度和平面分布离散性大，而且受土体天然状态影响明显，给实际工程的合理取值带来困难。

周密[14]对广东地区阳茂高速某标段的典型高液限黏土进行了相关研究，其液限62%，塑限30.1%，塑性指数31.9，含水率27%；同时，进行了部分室内外试验，得到不同含水率、不同击实功下的CBR强度变化规律，通过控制含水率变化并进行浸水试验，得到该地区高液限黏土路基填筑的最佳含水率范围，为实际工程的开展提供了理论支撑。

程涛等[15]对广东省云罗高速公路沿线分布的高液限黏土进行了相关研究，其液限58%，塑限27%，塑性指数31，含水率28.2%；并对其开展了室内颗粒分析和CBR试验，系统研究了高液限黏土抗剪强度的形成机理，具体分析了粗颗粒含量对抗剪强度的影响。

《广东省高液限土路基修筑技术指南》GDJTG/T E01—2014中提到，广东地区分布的高液限土液限50%～70%，塑限20%～30%，塑性指数在20～47，含水率一般大于22%，渗透系数低，细颗粒含量高，具有膨胀性、承载力小、强度低、水稳定性差等不良工程特性，该地区的高液限土干燥状态下强度较高，一旦遇水强度迅速降低。

《公路高液限土路基设计与施工技术指南》（征求意见稿）指出，高液限土一般指液限大于50%、塑性指数大于26的细粒土，大多分布在我国南方的炎热多雨地区，具有天然含水率高、重度小、稳定性差、强度低的不良工程特性。当前我国的工程技术人员主要通过无侧限抗压试验评价高液限土裂隙发育对地基承载力的影响，通过圆锥动力触探和载荷试验确定高液限土的抗压强度，通过室内CBR试验分析高液限土水稳定性等。

从全国各地学者的研究中可以看出，虽然高液限黏土在我国不同地区均有分布，地区差异较大，但其无侧限抗压强度、抗剪强度、CBR指标等物理性质指标均随着含水率的不同而发生较大变化，路基压实含水率的控制成为相关工程人员亟待解决的问题[16]。

1.3 黄泛区高液限黏土

1.3.1 黄泛区高液限黏土的成因与分布

土是由母岩经过物理与化学风化作用后，通过水、风等搬运堆积的成土过程形成的颗粒沉积物。从土的成因上看，由岩石风化形成的土可能留存在原地，也可能经过风、水或冰川的剥蚀和搬运作用，在别处沉积形成土层。留存在原地的土称为残积土；由风的剥蚀和搬运作用而在别处沉积的土称为风成沉积土，风成沉积土包括黄土、沙丘；由水的侵蚀和搬运作用在别处沉积的土称为沉积土[17]。随着水流的过程，根据不同的沉积条件可分为：坡积土、洪积土、山区河谷冲积土、平原河谷冲积土、湖相沉积土、三角洲沉积土、海相沉积土等；由冰川活动的剥蚀和搬运作用在别处形成的土称为冰川沉积土。除了由岩石风化形成土外，植物分解也形成土，如泥炭土、腐殖土等。土的成因决定了土的三相体间的比例、颗粒的种类、成熟度及矿物成分等物理状态的差异。这些是影响土的物理、力学性质的关键因素，也是导致其工程性质差别与变异性的最主要原因。

山东鲁西南—鲁西北平原区是第四纪地质活动的产物。影响山东省第四纪发育的主要地质事件有断裂活动、火山活动、黄土堆积、湖沼及海侵沉积等[18]。

在第四纪更新世时期继承了前期构造活动特征，隆起区继续隆起，坳陷区继续坳陷，形成了鲁西南—鲁西北平原区、鲁中南低山丘陵区和鲁东丘陵区。此时气候以寒冷为主，间有短期的温暖气候。寒冷期普遍海退，沉积陆相地层；温暖期海侵广泛，沉积了陆相夹海相地层。该期间有多次玄武岩喷溢，泰山地势不断升高，大的河流两岸及滨海地带形成多级阶地，这表明新构造运动持续活动。

全新世早—中期海水入侵大陆，至4000aB.P前后才退出；海侵盛期由于气候湿热，侵蚀基准面上升，内陆排水不畅，沼泽化发育，形成黑土湖组。此时整个山东大地面貌与今天已经基本相似，黄河大量泥砂进入山东境内，形成了广阔的冲积平原，平原区河流发育，浅小湖泊广布。鲁西南—鲁西北平原区形成黄河组，在一些湖泊中发育白云湖组。湖相沉积土比较复杂，其成分变化较大。在湖边沉积土颗粒较粗，在近岸带沉积多数是粗颗粒的卵石、圆砾和砂土，在远岸带沉积的是细颗粒的砂土和黏性土，在湖中心区沉积的是黏土和淤泥，常夹有细砂、粉砂薄层。湖泊如逐渐淤塞，则可演变成沼泽，形成沼泽沉积物。沼泽沉积土主要是由半腐烂的植物残余体组成。泥炭土含水率极高，渗透性差，压缩性很高，抗剪强度很低[19]。

山东鲁西南—鲁西北平原区，由黄河泛滥冲积而成，是华北平原的组成部分，位于运河湖带以西，胶济铁路以北，形成一个半圆形环抱鲁中南山地丘陵。海拔大多在50m以下，自西南向东北微倾，由于黄河多次决口改道和沉积，地表形成一系列高差不大的河道高地和河间洼地，彼此重叠，纵横交错。也就是说，黄泛区的湖淤积高液限黏土是由黄河携带的泥砂经过水的搬运，在河湖、洼地的静水环境下形成的。由于其成土的物质来自黄土高原，长距离水流冲刷使其颗粒磨圆度较高，因此有高含量的粉粒及黏粒，是决定其物理力学性质的重要因素。

黄河下游冲淤（积）在山东省境内形成了大量非饱和高液限黏土[20]，按照沉积特征和基地构造特征主要分为4个沉积区，即鲁西南冲积平原沉积区、鲁西北冲积平原沉积区、山前冲洪积平原与黄河冲积平原交接洼地沉积区，以及黄河三角洲沉积区。鲁西南冲积平原沉积区西起菏泽东明县，东至南四湖与东平湖洼地连线，与鲁中地区丘陵相接；鲁西北冲积平原沉积区基本位于平阴—济南一线以西，胶济铁路西段以北的广大黄河流域地区；山前冲洪积平原与黄河冲积平原交接洼地沉积区围绕鲁中南山地丘陵呈裙折边沿状分布；黄河三角洲沉积区以垦利县宁海为轴点，北起套尔河口，南至酒脉河口，大约在沾化—利津—东营连线向东呈扇形展开。

1.3.2 黄泛区高液限黏土的级配特殊性

固相颗粒的粒径与级配是决定土的压实与工程特性的关键因素[21]。土的粒径与级配常用颗粒分布曲线来反映，即粒径（对数坐标）与小于该粒径土粒的重量所占土总重量百分数的关系曲线。采用《公路土工试验规程》JTG 3430—2020中规定的甲种密度计法，对3个取土场处典型黄泛区高液限黏土进行了颗粒分析试验，其颗粒粒径分布曲线如图1-3～图1-5所示。

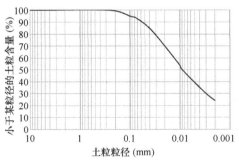

图1-3 1号土的粒径分布曲线

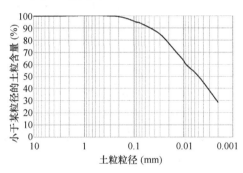

图1-4 2号土的粒径分布曲线

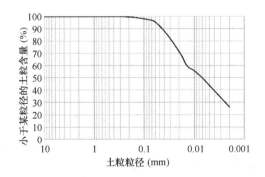

图1-5 3号土的粒径分布曲线

为分析黄泛区高液限黏土的颗粒组成特点，将其与一般高液限黏土及黄泛区粉土的颗粒组成进行对比，见表1-3。

土样颗粒组成（%）　　　　　　　　　　表 1-3

粒径(mm)	>0.075	0.075~0.05	0.05~0.01	0.01~0.005	0.005~0.002	<0.002
黄泛区高液限黏土1号	6.4	3.7	46.3	14.1	15.2	24.3
黄泛区高液限黏土2号	5.8	2.1	29	15	19.4	28.7
黄泛区高液限黏土3号	2.7	3.7	38.9	12.3	17.2	26.2
南方高液限黏土	3.1	5.8	18.3	15.5	11.4	45.9
黄泛区粉土	2	12	75	6	2	3

土的粒径分布曲线说明，黄泛区高液限黏土的级配曲线较陡，颗粒分布的范围较为集中，主要分布在粉粒及黏粒范围内。

表 1-3 显示黄泛区高液限黏土含有少量粉砂，以粉粒为主，有较高的黏粒含量，黏粒与粉粒的含量占 90% 以上[22]。其中，0.075~0.002mm 的粉粒含量大于 65%，小于 0.002mm 的黏粒含量占 25% 左右。与黄泛区粉土相比，该类土小于 0.005mm 粒径含量较高，黏粒含量高。较于普通的高液限黏土，黄泛区高液限黏土黏粒含量偏低但粉粒含量较高，毛细孔隙发达，具有良好的吸湿性。但因小于 0.005mm 的土粒含量高于 40%，小于 0.002mm 的黏粒含量大于 25%，土粒的比表面积大，表面能高，界面效应强，表现出强吸湿性，黏滞力大。

黄泛区高液限黏土的这种性质，使其在碾压过程中，表层会形成硬壳屏障，封闭气体通道，在含水率较高时，压实能转化为三相体之间的相互作用，常规的碾压机械压实效果较差[23]。而且由于其较高粉粒含量，在振动碾压下易产生水分上移现象。因此在工程实际中，宜使用凸轮压路机进行压实，并且采用合适的振幅与频率，控制合适的碾压含水率范围。在路基运营期间，应注意防水排水。

1.3.3　黄泛区高液限黏土的界限含水率特殊性

土的稠度是指黏性土的干湿程度或在某一含水率下抵抗外力作用而变形或破坏的能力，是黏性土最主要的物理状态指标。黏性土的状态根据含水率的增加依次划分为固体状态、半固体状态、可塑状态与流态。黏性土从一种状态过渡到另一种状态，可用某一界限含水率来区分，称为稠度界限。工程上常用的稠度界限一般为液限和塑限。必须指出，黏性土的状态是逐渐过渡的，并无明确的界限，目前工程上只是根据某些通用的试验方法来测定这些界限含水率。

本试验采用《公路土工试验规程》JTG 3430—2020 规定的液限和塑限联合测定法，落锥的质量为 100g，锥角 30°，取沉入深度为 20mm 时的含水率为液限。表 1-4 为黄泛区高液限黏土与黄泛区粉土及南方红黏土的液塑限试验结果对比。

界限含水率试验结果　　　　　　　　　　表 1-4

土样编号	液限（%）	塑限（%）	塑性指数
黄泛区高液限黏土 1 号	45.4	21.9	23.5
黄泛区高液限黏土 2 号	58.1	27.1	31.0
黄泛区高液限黏土 3 号	47.7	23.4	24.3
黄泛区高液限黏土 4 号	60.2	35.7	24.5
黄泛区粉土	27.0	17.2	9.8
南方红黏土	58.8	30.8	28.0

表 1-4 显示，黄泛区高液限黏土的液限在 45%～61%之间，塑限在 21%～36%之间，塑性指数在 23～31 之间。与南方红黏土及一般的高液限黏土相比，黄泛区湖淤积高液限黏土由于黏粒含量相对偏低而粉粒含量很高，故其液限并不高，多数在 45%～50%，仅部分液限可达 60%左右，在细粒土分类的塑性图上处于高液限土与低液限土分类的过渡范围。

土的塑性指数表示在可塑状态时土的含水率可变化的幅度，塑性指数越大，说明土中弱吸着水的含量可能较高，它与土粒大小、土粒矿物成分及水膜中阳离子成分和浓度等有关[24]。黄泛区高液限黏土的颗粒组成以粉粒、黏粒为主，矿物组成中伊利石、蒙脱石含量高，因此其塑性指数较高，在毛细作用与粒间薄膜水的双电层效应共同作用下，具有较高的可塑性与黏滞性。但是，与南方红黏土相比，黄泛区高液限黏土的塑限较低，即可塑状态的含水率下限较低，这说明该类土具有较高的水敏感性，在现场碾压时，含水率与饱和度就成为控制"弹簧"现象的关键指标[25]。

1.3.4　黄泛区高液限黏土的微观结构差异

传统上认为，粗粒土经水流的长距离搬运作用，其磨圆度会明显提高；细粒土由于其质量较轻，搬运过程中碰撞、冲刷的动能较小，圆度一般不会发生变化。粉土颗粒尽管属于细粒土，但其质量、粒径介于粗粒土和黏粒之间，经水的长距离搬运后其颗粒结构是否会发生变化呢？为研究黄河冲淤积粉土颗粒的结构，对典型黄泛区高液限黏土中的粉土颗粒与普通粉土颗粒进行对比观测[26]，采用 JXA-8800R 型电子探针进行颗粒微观结构分析。粉土颗粒微观结构见图 1-6～图 1-8。

可见，与普通粉土相比，黄河冲淤积粉土颗粒磨圆度较高，针片状颗粒少；经水的长时间浸泡侵蚀、颗粒撞击和水流冲刷作用，颗粒表层破碎、剥落严重，强度较低。由此可以判断，尽管粉性土属于细粒组，但在长距离的水流搬运过程中，由于粉性土颗粒相对黏粒具有较大的质量、粒径，仍会形成足够的水流冲刷和颗粒间碰撞能量,使得粉性土颗粒的圆度明显提高。由于黄泛区高液限黏土中含有较高含量的粉土颗粒,其磨圆度高,粒度均匀,颗粒表面强度低,使得在碾压时颗粒间难以形成有效的颗粒嵌挤,在外力作用下容易发生颗粒间的相互错动。尤其是在浸水作用下,磨圆度较高的粉土颗粒强度降低显著,导致黄泛区高液限黏土的强度和变形特性受水的影响显著[27]。

图 1-6 普通粉土针片状颗粒与黄河冲淤积粉土颗粒的对比

(a) 普通粉土含较多的针片状颗粒(放大 500 倍);(b) 黄河冲淤积粉土片状颗粒极少(放大 1000 倍)

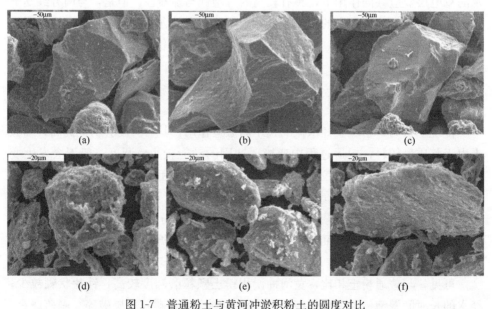

图 1-7 普通粉土与黄河冲淤积粉土的圆度对比

(a)、(b)、(c) 普通粉土(放大 1000 倍);(d)、(e)、(f) 黄河冲淤积粉土(放大 2000 倍),表面因水的长距离搬运,冲刷和颗粒间的碰撞,磨圆度较高,表面易剥落

第1章 绪论

图1-8 普通粉土与黄河冲淤积粉土颗粒表层侵蚀剥落现象对比
(a)、(b) 普通粉土颗粒（放大2000倍）存在坚硬棱角，磨圆度低，表层无剥落现象；
(c)、(d) 黄河水长距离搬运时，水的浸泡、冲刷和颗粒间的碰撞作用，使得黄河
冲淤积粉土（放大4000倍）颗粒的表层强度较低

1.4 高液限黏土路基填筑技术现状

在高液限黏土路基直接填筑的可行性方面，诸多学者针对我国不同地区的高液限黏土开展了大量室内外试验研究[28-29]。

吴立坚等[30]对福建三明地区的高液限黏土开展了大量研究，结果表明黏性土的碾压含水率应略低于塑限，并提出控制含水率为25%～32%、采用最大激振力25t（静重12t）以上的振动压路机进行碾压，碾压遍数一般为8～10遍；当稠度偏高（≥1.2）、含水率偏低时，可适当增加遍数，应视具体情况在路基表面出现软弹、剪切破坏之前终止碾压；路基施工完成后应采取必要的措施防止路

11

基被晒裂。碾压后的重型标准压实度 $K_h \geq 90\%$ 且饱和度 $S_r \geq 80\%$，或轻型标准压实度 $K_L \geq 95\%$ 且饱和度 $S_r \geq 85\%$，则认为路基压实质量合格，否则应予重压。

刘银生等[31]对湖南地区的高液限黏土开展了大量研究，认为高液限黏土填筑路基的指标为液限<70%、压缩系数<0.5MPa^{-1}、碾压稠度>1.15，但是对于含水率超过其最佳含水率4%左右、压实度<90%的土体，当碾压次数超过18次后会产生弹簧土现象，易造成基底失稳，使路基产生不均匀沉降。因此，建议将此类土体晾晒至不超过其最佳含水率±2%的范围后进行碾压，此时压实度可以达到规范要求。

杨献章等[32]对湖南省郴宁高速十四标段高液限黏土开展了大量研究，提出高液限黏土的填筑含水率控制在最佳含水率+5%的范围内，且在CBR满足要求的前提下可将压实度降低2%～3%。

刘鑫和洪宝宁[33]依据广西地区某高速公路路基施工经验，提出CBR值满足要求的高液限黏土可直接用于路堤填筑，压实度按88%控制，路基整体填筑高度不宜大于12m，对CBR值不满足要求的高液限黏土必须进行改良处理后方可填筑。

蒋久明[34]用砂砾改良后的高液限黏土对黑龙江地区某国道进行路基填筑，并提出了先使用推土机推土摊铺，后进行刮平稳压，推土机及平地机辅助人工整形刮平，履带推土机或压路机稳压1～2遍，后用平地机刮平。施工流程：碾压时先用振动压路机静压1～2遍，速度不超过2km/h，再用振动压路机振动压实2～3遍，速度不超过3km/h。光轮压路机错后大轮1/2轮碾压2～3遍，速度不超过3km/h，直至碾压无轮迹为止，如果出现弹软或翻浆，采取换填砂砾或碎石的方法进行处理，压路机压实由两侧向中央，小半径曲线段由内侧向外侧碾压，采用错轮碾压的原则，直至达到规定的压实度。

李莉等[35]针对杭州—衢州高速公路某合同段的高液限细粒土开展了现场试验路工作，结果表明当碾压含水率超过最优含水率2%以上时，即使提高碾压次数也达不到压实度≥90%的要求，而且出现了"弹簧土"现象。因此，要求当现场土体含水率低于控制界限范围时，需要洒水碾压；高于控制界限范围时，需要用松土器松土晾晒；当夜幕降临，含水率没有降到控制界限范围内，且空气湿度较大时，应采用碾压机碾压一次，封闭黏土表面的毛细孔；第二天重新采用松土器松土晾晒，直到填料的含水率与最优含水率之差不超过2%时，方能进行碾压。提出路堤松铺厚度为30cm、两侧分别加宽50cm，采用YZ14振动压路机、激振力285kN，按照6km/h速度碾压6遍，可达到压实度≥94%。

肖芳芳[36]对福州莆炎高速公路某高液限黏土填筑路基标段开展室外试验，结果表明将土样在填筑前进行堆晒，控制松铺厚度20～25cm，待表层土晾晒较干后用推土机大致推平，并用旋耕机及时翻晒，测取含水率在设计范围内时使用 20t 压路机进行碾压，碾压时采用先静压后弱振、先两边后中间的原则，采用静压 1 遍＋小振 6 遍＋静压 1 遍对路基进行碾压。为使土层表面更光滑、密实，将总静压 2 遍分解为初压平面静压 1 遍与终压光面静压 1 遍。后对试验段进行饱和度和压实度测试，绝大部分填土指标符合设计规范要求，经济、环保效益明显。

许海亮等[37]依托贵州地区某高速公路开展高液限黏土路基填筑施工工艺的室外试验，得到碾压方式、碾压遍数、碾压频率等因素与压实度及碾压沉降量之间的关系，并提出了最适宜当地土体的碾压施工工艺，即采用静压 1 遍＋小振 2 遍＋强振 2 遍＋小振 2 遍＋静压 1 遍的施工方案，可使路堤的压实度达到 97%。

厦蓉高速湖南宁道段位于湖南南部，气候潮湿多雨，沿线广泛分布着大量的高液限红黏土，龚先兵[38]对当地的高液限红黏土开展了部分室外试验，得出了最优晾晒方式、最佳碾压含水率、最佳松铺厚度等控制指标；并提出在稠度 1.0~1.3 之间按最大强度含水率进行控制碾压，可使路基土的压实度、强度均满足规范要求。因此只要施工控制合理，高液限红黏土完全可以用于道路路基填筑。

秦义保和苏震[39]通过压实含水率、击实功与高液限黏土强度的关系分析认为，直接就地利用高液限黏土修筑高等级公路路基是不可行的，必须对高液限黏土进行改性，方可进行路基填筑。

《广东省高液限土路基修筑技术指南》GDJTG/T E01—2014 中提到，对于 CBR 值≥3%、细颗粒含量小于 90%、液限介于 50%~70% 的高液限土，可考虑采用直接填筑。直接填筑时，压实含水率应控制在 -2%~4% 的范围内，碾压时使用 18t 以上的压路机，采用静压和振压相结合的方式，遵循先快后慢、由弱振至强振、由内到外、由边向中等原则，相邻两次的轮迹应达到 15~20cm，以保证压实均匀；静压的碾压速度宜为 2~5km/h，振压的碾压速度宜为 3~6km/h。若碾压层达不到压实度等质量要求，应及时修改碾压工艺。具体的碾压工艺和碾压遍数还应根据试验路段现场情况进行调整和修正。

《公路高液限土路基设计与施工技术指南》（征求意见稿）指出，路基填筑应在便于施工的季节进行连续施工，并采用如下工艺：将填料含水率控制在最优含水率—最优含水率＋5%；若能达到规范压实度，从节能环保的角度考虑应采用轻型压实机具，建议碾压遍数不少于 6 次，通过光轮静压 1 遍＋光轮振动碾强振 4~6 遍的流程进行碾压，且碾压机具行驶速度不大于 3.5km/h。

将高液限黏土作为路基填料时，通常根据 CBR 值选择碾压含水率控制范围及适当降低压实度标准[40]，大部分工程降低压实度的方法是根据 CBR 值情况，将压实度（重型击实标准）直接降低几个百分点；或是根据填筑含水率状态选择轻型击实标准或者重型击实标准；或是根据填筑含水率计算对应该含水率下的理论最大干密度，将理论最大干密度作为最大干密度计算压实度（重型击实标准）[41]。对于我国各地区分布的不同类型的高液限黏土，实际工程中会存在含水率偏高、压实度偏低状态下碾压的路基却处于稳定工作状态的特殊情况，考虑到不同地区的巨大差异性，从经济、环保角度来看，必须将现行施工规范中的碾压标准针对不同地区及不同土质进一步细化[42]。

综上，本书将对山东境内黄河下游地区特殊成因的冲淤积高液限黏土开展一系列室内外试验，研究其在不同含水率和压实度下的强度特征，提出相应的压实控制标准以保证路基的强度和稳定性，进而提出一套完整的黄泛区高液限黏土路基填筑技术控制标准。

第 2 章 黄泛区高液限黏土的路用特性

2.1 基本物理指标

2.1.1 矿物成分

土的矿物可分为原生矿物（石英、长石、云母等）和次生矿物。原生矿物的颗粒较粗，可以用肉眼观察法或显微镜薄片鉴定法进行测定。次生矿物主要为黏土矿物、氯化物、氢氧化物、盐类及有机化合物。次生矿物（尤其是黏土矿物）的颗粒很小，需要采用专门的测定方法。一般所说的矿物成分测定主要是指对土性影响最大的测定和最复杂的黏土矿物成分测定，包括土中的伊利石、高岭石、蒙脱石、绿泥石、蛭石等[43]。

伊利石、高岭石、蒙脱石等不同黏土矿物具有复杂的化学成分和特殊的晶格构造，它们决定了细粒土的物理化学性质，是影响土性最为重要、最为活跃的因素。其物化性质主要体现在以下几个方面：可塑性、膨胀性、触变性、悬浮性、悬浮现象、黏滞性及离子交换性。

分析土中矿物成分常用的方法有 X 射线粉晶分析法和差热分析法。同时，光学显微镜法、电子显微镜分析法、红外线吸收光谱分析法和染色分析法等，也可以为估测土中主要矿物类型提供帮助。

本次试验中所采用方法为 X 射线粉晶分析法。通过用 Jade 软件分析其 X 射线衍射图谱，识别图谱中的 d 值和衍射强度[44]。这两项数据是矿物晶体结构的反映，据此鉴定矿物的种类和大致含量。

主要黏土矿物的 X 射线衍射特征如下：

(1) 高岭石。$d_{001}=0.715$nm，$d_{002}=0.356\sim 0.358$nm，$d_{003}=0.238$nm。

(2) 水云母。$d_{001}=1.0$nm，$d_{002}=0.5$nm，$d_{003}=0.336$nm，属非膨胀性矿物。

(3) 蒙脱石。$d_{001}=1.2\sim 1.5$nm（随层间金属离子种类和溶液性质不同而变化），属膨胀性矿物。

(4) 蛭石。$d_{001}=1.42$nm，$d_{002}=0.71$nm，$d_{003}=0.47$nm，$d_{004}=0.35$nm。

(5) 绿泥石。$d_{001}=1.42$nm，$d_{002}=0.71$nm，$d_{003}=0.47$nm，$d_{004}=0.35$nm。

图 2-1～图 2-3 为 3 种典型黄泛区高液限黏土的 X 射线衍射图谱。

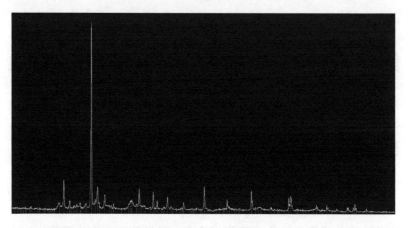

图 2-1　1号土衍射图谱

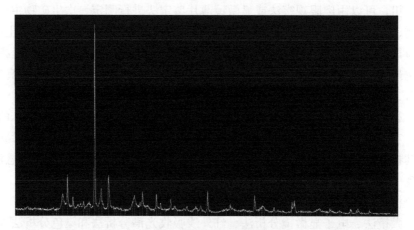

图 2-2　2号土衍射图谱

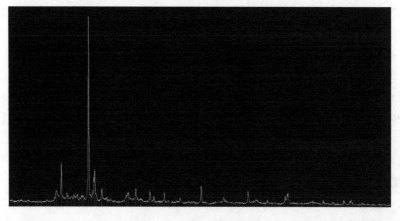

图 2-3　3号土衍射图谱

根据黏土矿物的 X 射线衍射特征及晶面结构与 1 号、2 号、3 号土的 X 射线衍射图谱进行对比分析，可以判断出，1 号、2 号、3 号土中的矿物成分类似，均含有伊利石、蒙脱石、高岭石、绿泥石等黏土矿物，以伊利石为主。

2.1.2 颗粒分析

黄泛区高液限黏土为典型细粒土，按照《公路土工试验规程》JTG 3430—2020，联合使用筛分法和密度计法进行颗分试验，先将风干土样采用筛分法过筛，再用密度计法对粒径小于 0.075mm 的土样进行颗粒分析试验，如图 2-4 所示。

(a) (b)

图 2-4 颗粒分析试验

(a) 锥形瓶；(b) 量筒

试样所采用土样总质量为 30g，具体试验数据及参数如表 2-1 所示。

各粒径质量汇总　　　　　　　表 2-1

粒径（mm）	>5	5~2.0	2.0~0.5	0.5~0.25	0.25~0.075	<0.075
质量（g）	0	0	0	0	0.48	29.52

小于某粒径的试样质量占试样总重量的百分比按下列公式计算：

$$X = \frac{100}{m_s} C_G (R_m + m_t + n - C_D) \tag{2-1}$$

$$C_G = \frac{\rho_s}{\rho_s - \rho_{w20}} \times \frac{2.65 - \rho_{w20}}{2.65} \tag{2-2}$$

式中：X——小于某粒径的土质量百分数（%）；

m_s——试样质量（干土质量）(g)；

n——刻度及弯月面校正值；

m_t——温度校正值；
C_G——相对密度校正值；
C_D——分散剂校正值；
ρ_s——土粒密度（g/cm³）；
R_m——甲种密度计读数。

$$d = \sqrt{\frac{1800 \times 10^4 \eta}{(G_s - G_{wt})\rho_{w4} g} \times \frac{L}{t}} \qquad (2\text{-}3)$$

式中：d——土粒直径（mm）；
　　　η——水的动力黏滞系数（10^{-6}kPa·s）；
　　　ρ_{w4}——4℃时水的密度（g/cm³）；
　　　G_s——土粒相对密度；
　　　G_{wt}——温度 t℃时水的相对密度；
　　　L——某一时间 t 内的土粒沉降距离（cm）；
　　　g——重力加速度（981cm/s²）；
　　　t——沉降时间（s）。

按照规范要求得到的颗粒分析结果如表2-2所示。

颗粒分析结果汇总　　　　　　　表2-2

粒径（mm）	＞0.075	0.075～0.05	0.05～0.01	0.01～0.005	0.005～0.002	＜0.002
含量（%）	1.6	2.3	39.1	13.8	17.6	25.6

根据颗粒分析试验结果，以小于某粒径的土粒百分含量为纵坐标，以土粒直径（mm）为横坐标，绘制粒径分布曲线，如图2-5所示。

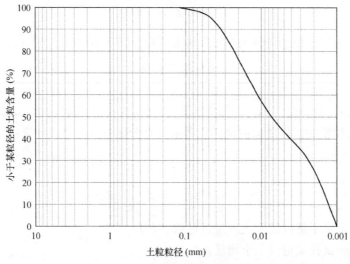

图2-5　土样粒径分布曲线

参照《公路土工试验规程》JTG 3430—2020 得到粒径分布为：粉粒与黏粒含量占 98.4%，其中粉粒（0.002~0.075mm）高达 72.8%，黏粒占 25.6%。由颗粒分析结果计算曲率系数为 0.37，属于级配不良土。

2.1.3 界限含水率

界限含水率试验目的是测定土的液限和塑限，计算土样的塑性指数，供公路工程设计和施工使用。本研究所采用的 SYS 型数显液塑限联合测定仪如图 2-6 所示，落锥质量为 100g，试验过程依据《公路土工试验规程》JTG 3430—2020 进行。

由表 2-3 可知，试验所取代表土样的液限 w_L 为 47.75%，塑限 w_P 为 24.50%，塑性指数为 23.25。根据《土的工程分类标准》GB/T 50145—2007 和《岩土工程勘察规范》GB 50021—2001 的规定，塑性指数超过 17 的土体定义为黏土。但是与一般黏土比，该黄泛区黏土的粉粒含量远高于黏粒，且粉粒的磨圆度较高，导致其液限和塑性指数偏低。若按照《水利水电工程天然建筑材料勘察规程》SL 251—2015 中土的三角坐标分类，该类土定义为粉质黏土。按《公路土工试验规程》JTG 3430—2020，该类土的塑限处于塑性图（图 1-1）A 线以上，但液限介于高液限与低液限分界线 $w_L = 50\%$ 左右两

图 2-6 SYS 型数显液塑限联合测定仪

侧，大致处于低液限黏土和高液限黏土之间。卡萨格兰德（Casagrande）对液限介于 30%~50% 的黏土定义为中塑性黏土（Clay of Medium Plasiticity）；根据太沙基（Terzaghi）等对处于边界线附近土体类型的命名原则，该类土应表示为 CL-CH。可见，由于该类土颗粒组成、形状尺寸和液塑限的特殊性，主要体现为该黏性土中粉粒含量高和磨圆度高的特点，导致其按各类规范命名不一。

黄泛区高液限黏土的液塑限　　　　　　　　表 2-3

液限（%）	塑限（%）	塑性指数
47.75	24.50	23.25

2.1.4 击实特性

击实试验是在实验室进行土体的击实（图 2-7），可用来测定土的干密度与

含水率关系,从而确定最大干密度和相应最佳含水率。本研究根据规定选用重型Ⅱ-2试验方法(表2-4)。

击实试验方法 表2-4

试验方法	类别	锤底直径(cm)	锤质量(kg)	落高(cm)	试筒尺寸		试样尺寸		层数	每层击数	击实功(kJ/cm³)	最大粒径(mm)
					内径(cm)	高(cm)	高度(cm)	体积(cm³)				
轻型	Ⅱ-1	5	2.5	30	10	12.7	12.7	977	3	27	598.2	20
	Ⅱ-2	5	2.5	30	15.2	17	12	2177	3	59	598.2	40
重型	Ⅱ-1	5	4.5	45	10	12.7	12.7	977	5	27	2687.0	20
	Ⅱ-2	5	4.5	45	15.2	17	12	2177	3	98	2677.2	40

图2-7 室内击实试验

试验中各含水率土样击实后的干密度计算公式为:

$$\rho_d = \frac{\rho}{1+0.01w} \quad (2\text{-}4)$$

式中:ρ_d——干密度(g/cm³),精确至0.01;

ρ——湿密度(g/cm³);

w——含水率(%)。

按式(2-5)计算饱和曲线的饱和含水率w_{max},并绘制饱和含水率与干密度的关系曲线图(图2-8)。

$$w_{max} = \left(\frac{\rho_w}{\rho_d} - \frac{1}{G_s}\right) \times 100\% \quad (2\text{-}5)$$

式中：w_{max} ——饱和含水率（%），精确至0.01；
　　　ρ ——试样的湿密度（g/cm³）；
　　　ρ_w ——水在4℃时的密度（g/cm³）；
　　　ρ_d ——试样的干密度（g/cm³）；
　　　G_s ——试样土粒相对密度。

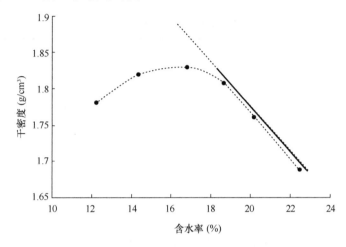

图 2-8　黄泛区高液限黏土击实曲线

由图2-8击实曲线可知，山东省黄泛区高液限黏土土样最大干密度为1.83g/cm³，最佳含水率为16.87%。当含水率高于最佳含水率时，土样的干密度随含水率的增加迅速下降，且击实曲线湿侧趋近于饱和线，说明含水率的变化对该类黏土的压实特性影响尤为显著[45-47]，在该类土填筑路基过程中要严格控制其施工含水率，既要避免高含水率下碾压出现的"弹簧"现象，又要保证路基的强度及水稳定性[48]。

2.2　CBR 指标

加州承载比CBR值是评价路基路面材料的强度指标之一，以材料抵抗局部荷载压入变形的能力进行表征，计算公式如下所示：

$$\text{CBR} = \frac{P}{P_s} \times 100\% \qquad (2-6)$$

式中：P ——对应于贯入度为2.5mm或5.0mm时土基单位压力（MPa）；
　　　P_s ——标准碎石贯入深度为2.5mm或5.0mm时的单位压力（MPa）。

该类黄泛区高液限黏土天然含水率基本都在25%以上，且晾晒后路基填筑时，其含水率一般在最佳含水率的湿侧，因此本研究中CBR测试试样含水率设计工况为 17%、20%、22%、24%和 26%。试样制备方法为湿土法闷料,重型击实法成型,试验操作步骤参照《公路土工试验规程》JTG 3430—2020。

加州承载比 CBR 是填料能否用作路基填料的重要评判指标之一,因此,采用高液限黏土填筑,必须先测定其 CBR 值。《公路路基设计规范》JTG D30—2015 对路基填料最小承载比的要求如表 2-5 所示。

路基填料最小承载比要求　　　　　　　　表 2-5

路基部位		路面底面以下深度(m)	填料最小承载比 CBR (%)		
			高速公路、一级公路	二级公路	三、四级公路
上路床		0~0.3	8	6	4
下路床	轻、中等及重交通	0.3~0.8	5	4	3
	特重、极重交通	0.3~1.2	5	4	—
上路堤	轻、中等及重交通	0.8~1.5	4	3	3
	特重、极重交通	1.2~1.9	4	3	—
下路堤	轻、中等及重交通	1.5 以下	3	2	2
	特重、极重交通	1.9 以下			

由表 2-6 及图 2-9 可知,该类黄泛区高液限黏土的 CBR 值随含水率的增大呈对数型减小的趋势。当土样含水率为 17%(最佳含水率附近)时,其 CBR 值可达 11.63%,可直接应用于上路床填筑。当含水率升高至 20%时,CBR 值迅速减小为 4.13%,但仍可作为上路堤填料进行填筑施工。根据表 2-5 的要求,高等

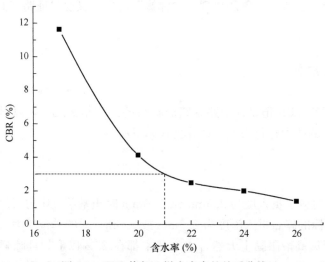

图 2-9　CBR 值与土样含水率的关系曲线

级公路路堤填料的 CBR 值不能低于 3%，该类黏土存在一个含水率拐点 21%，此时土样 CBR 值约为 3%，满足《公路路基设计规范》JTG D30—2015 中对高速公路填料所需 CBR 值的最小要求。当土样含水率大于 21% 时，需对土样改性后方可进行填筑施工。

不同含水率下黄泛区高液限黏土的 CBR 值　　　　表 2-6

土样编号	含水率（%）	CBR（%）	膨胀率（%）
1	17	11.63	0.38
2	20	4.13	0.01
3	22	2.49	−0.16
4	24	2.01	−0.30
5	26	1.4	−0.15

2.3　回弹模量指标

公路路基的回弹模量是路基路面设计的主要参数之一，《公路路基设计规范》JTG D30—2004 中规定，高速公路及一级路的路基顶面回弹模量需大于 30MPa，对于重交通、特重交通公路而言，土基回弹模量则应大于 40MPa。路基的回弹模量反映路基对路面及行车荷载的支撑强度，若路基回弹模量不足，路面结构层在行车荷载的反复作用下将产生较大的弯沉，引起路面底部较大的弯拉应力，影响道路的运营质量。因此，路基回弹模量是高液限黏土用于路基填筑过程中的重要评价指标[49]。

土的回弹模量试验采用承载板法（图 2-10），该法适用于不同湿度和密度的

图 2-10　承载板法测试回弹模量

细粒土。试验试样采用湿法制备、重型击实法成型,参照《公路土工试验规程》JTG 3430—2020 进行试验。根据路堤填筑施工时的含水率和压实度变化范围[50-51],回弹模量试验工况如下(表2-7):(1)规范规定的施工控制含水率为最优含水率 $w_{opt} \pm 2\%$,但考虑到黄泛区高液限黏土天然含水率较高且晾晒困难的特点,试验含水率依次取最佳含水率湿侧及以上,即17%、20%、22%、24%和26%;(2)规范规定的路堤区压实度 K 为不低于94%,考虑到现场施工时湿侧压实的局限,试验压实度 K 分别取88%、90%、92%和94%;(3)试验中施加法向压力分别为 25kPa、50kPa、75kPa、100kPa、125kPa、150kPa、175kPa 和 200kPa。

回弹模量试验工况 表2-7

序号	含水率(%)	压实度(%)	饱和度(%)	孔隙比	空气体积率(%)	体积含水率(%)
1	17	88	66.94	0.698	13.59	27.38
2		90	70.79	0.660	11.62	28.00
3		92	74.91	0.624	9.64	28.62
4		94	79.34	0.589	7.66	29.24
5	20	88	78.76	0.698	8.74	32.21
6		90	83.29	0.660	6.65	32.94
7		92	88.14	0.624	4.56	33.67
8		94	93.64	0.589	2.47	34.40
9	22	88	86.63	0.698	5.50	35.43
10		90	91.61	0.660	3.34	36.23
11		92	96.95	0.624	1.17	37.04
12	24	88	94.51	0.698	2.26	38.65
13		90	99.94	0.660	0.02	39.53
14	26	88	100.00	0.698	0.00	41.44

不同设计工况下的回弹模量检测结果列于表2-8中。由表可以直观看出,黄泛区高液限黏土的回弹模量受物理状态(含水率和压实度)的影响显著。因此,本书将含水率和压实度对回弹模量的影响关系分别进行分析[52]。

回弹模量试验结果   表 2-8

序号	含水率(%)	压实度(%)	空气体积率(%)	回弹模量(MPa)
1	17	88	13.59	30.46
2	17	90	11.62	60.14
3	17	92	9.64	68.07
4	17	94	7.66	75.07
5	20	88	8.74	21.56
6	20	90	6.65	31.94
7	20	92	4.56	37.99
8	20	94	2.47	42.12
9	22	88	5.50	13.71
10	22	90	3.34	21.50
11	22	92	1.17	27.34
12	24	88	2.26	10.16
13	24	90	0.02	16.13
14	26	88	0.00	5.13

2.3.1 含水率对回弹模量的影响规律

由图 2-11 可知，各个压实度试样的回弹模量随含水率的增加呈先迅速减小

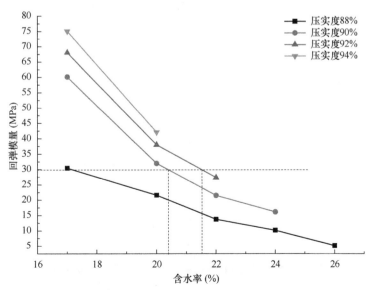

图 2-11 各个压实度试样回弹模量随含水率变化规律

后缓慢减小的抛物线变化趋势[53]。当试样压实度为88%时，仅有最优含水率17%的试样回弹模量满足规范中路基顶面静回弹模量（30MPa）的要求；随着压实度的升高，试样含水率适当放宽后仍可满足规范要求，90%压实度试样含水率可放宽至20.4%，92%压实度试样含水率可放宽至21.5%。

将各个压实度试样回弹模量随含水率变化规律进行多项式 $y = Ax^2 + Bx + C$ 拟合，拟合结果如图2-12～图2-14所示。A越大表示抛物线开口越小，即含水率对该压实度试样回弹模量值影响越显著。提取多项式的斜率影响系数A进行对比，由表2-9可知，随着试样压实度的提高，A值越大，含水率对试样回弹模量值影响越显著。

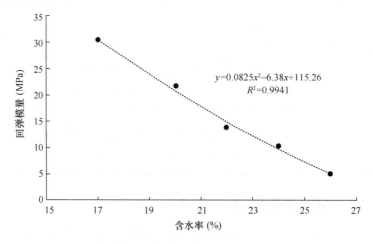

图 2-12　88%压实度试样回弹模量与含水率关系拟合曲线

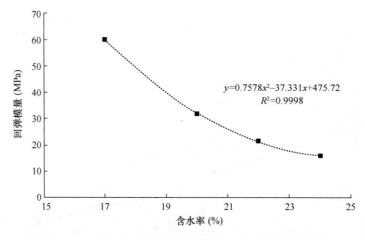

图 2-13　90%压实度试样回弹模量与含水率关系拟合曲线

第 2 章 黄泛区高液限黏土的路用特性

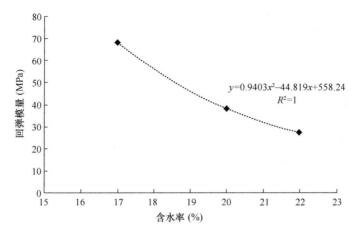

图 2-14 92％压实度试样回弹模量与含水率关系拟合曲线

各压实度试样回弹模量随含水率变化拟合曲线汇总　　　表 2-9

序号	压实度（％）	拟合曲线	含水率影响系数
1	88	$y=0.0825x^2-6.38x+115.26$	0.0825
2	90	$y=0.7578x^2-37.331x+475.72$	0.7578
3	92	$y=0.9403x^2-44.819x+558.24$	0.9403

2.3.2 压实度对回弹模量的影响规律

由图 2-15 可知，各个含水率试样的回弹模量随压实度的增加呈先迅速增加

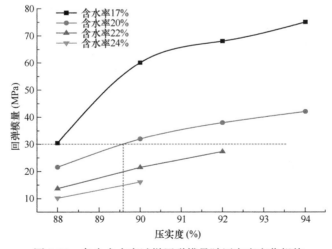

图 2-15 各个含水率试样回弹模量随压实度变化规律

后缓慢增加的抛物线变化趋势。当试样含水率为17％时，4个压实度工况下的试样回弹模量均满足规范中路基顶面静回弹模量（30MPa）的要求；随着含水率的升高，需要提升一定的试样压实度来满足规范对路基设计回弹模量的要求，20％含水率试样需将压实度K提升至89.6％，22％和24％含水率试样在所测工况内均不能满足要求。

将各个含水率试样回弹模量随压实度变化规律进行多项式$y=Ax^2+Bx+C$拟合，拟合结果如图2-16～图2-18所示。A越大表示抛物线开口越小，即压实度对该含水率试样回弹模量值影响越显著。提取多项式的斜率影响系数A进行对比，由表2-10可知，随着试样含水率的提高，A值绝对值越小，压实度对试样回弹模量值影响越小。

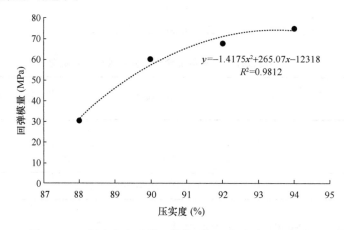

图2-16　17％含水率试样回弹模量与压实度关系拟合曲线

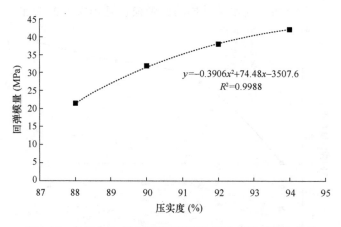

图2-17　20％含水率试样回弹模量与压实度关系拟合曲线

第 2 章 黄泛区高液限黏土的路用特性

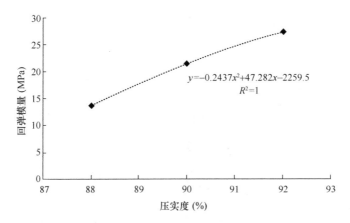

图 2-18 22％含水率试样回弹模量与压实度关系拟合曲线

各含水率试样回弹模量随压实度变化拟合曲线汇总　　表 2-10

序号	含水率（％）	拟合曲线	压实度影响系数绝对值
1	17	$y=-1.4175x^2+265.07x-12318$	1.4175
2	20	$y=-0.3906x^2+74.48x-3507.6$	0.3906
3	22	$y=-0.2437x^2+47.282x-2259.5$	0.2437

2.4 毛细水上升高度

2.4.1 试验方案

为跟踪观测水分在特定含水率黏土内部的运移规律，监测土体后期内部稳定的平衡湿度状态[54]，本研究按照《公路土工试验规程》JTG 3430—2020 采用直接观测法进行数据监测。结合道路工程的特点，拼接两节有机玻璃管共计 1.8m 高，取湿土法制备含水率为 17％、20％、23％ 的土样各 5kg 进行分层填筑（图 2-19）。为保证分层填筑层的层顶与层底土体压实度基本保持一致，取 5cm 作为击实后的分层高度进行填筑，填筑目标压实度为 90％。根据式（2-7）计算出所需填筑的每层土样质量 m 为：

$$m=\frac{(1+w)\cdot\rho_{\mathrm{d}}\cdot K\cdot\pi D^2\cdot H}{4} \quad (2-7)$$

式中：w ——土样含水率（％）；

ρ_d ——土样最大干密度（g/cm³）；
K ——目标压实度，取 0.9；
D ——有机玻璃管直径（cm）；
H ——分层填筑高度（cm）。

图 2-19　毛细水上升高度试验
（a）分层填筑；（b）仪器拼装

2.4.2　试验结果及分析

毛细水上升高度随天数变化的观测结果如表 2-11 所示。由表 2-11、图 2-20 可知，黄泛区高液限黏土的毛细水高度在初期的 10d 内上升较快，17％含水率土样上升高度达 56.3cm。随着含水率的升高，相同时间内其毛细水上升高度逐渐减小，23％含水率土样 10d 上升高度为 22.7cm，仅为 17％含水率土样的 40.3％。10d 后土样内毛细水上升速率越来越慢，至 50d 时毛细水上升速率逐渐趋于平缓，17％、20％、23％含水率土样的毛细水上升高度分别达到 90.2cm、68.0cm、34.4cm。

毛细水上升高度表（单位：cm）　　　表 2-11

天数（d）	含水率（％）		
	17	20	23
1	9.8	7.7	5.5
2	22.0	14.0	8.0
4	36.3	24.2	13.0

续表

天数（d）	含水率（%）		
	17	20	23
5	38.0	30.0	16.0
10	56.3	42.5	22.7
20	70.4	53.5	28.0
35	85.5	64.0	32.0
50	90.2	68.0	34.4

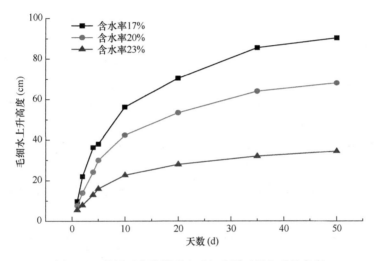

图 2-20 黄泛区高液限黏土毛细水随时间上升的高度

在非饱和土中，土体的基质吸力和土体毛细特性之间的关系可表示为：$S = u_a - u_w = \dfrac{2T_s}{R_s}$，其中 S 即为基质吸力，u_a 为大气压，u_w 为孔隙水压，T_s 为水的表面张力，R_s 为弯液面的曲率半径。当土颗粒间形成的毛细管越细时，其弯液面的曲率半径越小，土体的毛细作用也就越强烈。黄泛区高液限黏土以粉粒、黏粒为主，其颗粒磨圆度较高，颗粒比表面积大，毛细管发达，从而导致该类黏土的毛细作用较强烈[55]。

第3章 黄泛区高液限黏土持水能力与强度特性

3.1 土水特征曲线

非饱和土的基质吸力与含水率的变化关系称为土水特征曲线（SWCC）[56]，它反映了非饱和土的工程力学特性，是非饱和土土力学[57]研究的重点。非饱和土的吸力量测方法主要有张力计法、压力板仪法、温度计法、新热传导探头法、滤纸法等。其中滤纸法具有价格低廉、量测范围大、无须反复率定、对环境温度要求不高等优点，适用于室内试验及现场检测，本研究拟采用滤纸法对黄泛区高液限黏土基质吸力进行量测。

滤纸属于多孔介质吸水材料，将其置于土体周围时，滤纸会与土体内的水分子以液态或气态的形式相互迁移，待水分平衡时，土体与滤纸的吸力值相同。此时可烘干滤纸得到平衡时的滤纸含水率，再由已知的滤纸吸力率定曲线公式[58]，确定待测土体的吸力值[59]。

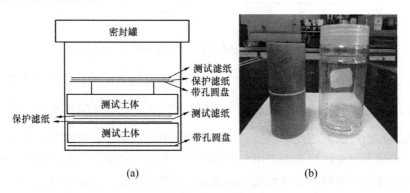

图 3-1 滤纸法量测土体吸力
（a）示意图；（b）土样与密封罐

黄泛区高液限黏土的基质吸力采用双圈牌 No.203 型滤纸进行量测，滤纸试验工况如表 3-1 所示，为避免试验离散性太大，保证试验结果的可靠性，每种工况设两组平行试验[60]。试样采用静压成型法制备，试样尺寸直径×高度为 5cm×5cm。两个土样中间放置 3 层滤纸，上、下层滤纸起保护作用，防止中间量测滤纸受到土样污染，而后用绝缘胶带粘贴接缝处，最后将制备完成的试件放置在密封罐中，并置于恒温恒湿箱（温度 25℃，湿度 95%）中。根据美国 ASTM D5298-10 滤纸法试验规程，测试得到密封 10d 后吸湿滤纸的含水率，按照率定方程式（3-1）、式（3-2）计算相应的基质吸力 ψ：

$$\lg\psi = 2.470 - 0.012w_f, w_f > 47\% \quad (3-1)$$

$$\lg\psi = 5.493 - 0.076w_f, w_f \leqslant 47\% \quad (3-2)$$

滤纸试验工况及结果　　　　　表 3-1

序号	含水率（%）	压实度（%）	饱和度（%）	体积含水率（%）	基质吸力（kPa）
1	13	88	51.19	20.94	1319.58
2		90	54.14	21.41	1338.04
3		92	57.29	21.89	1425.84
4		94	60.67	22.36	1478.12
5	15	88	59.07	24.16	541.97
6		90	62.46	24.71	687.20
7		92	66.10	25.25	824.54
8		94	70.00	25.80	891.32
9	17	88	66.94	27.38	404.21
10		90	70.79	28.00	560.83
11		92	74.91	28.62	707.17
12		94	79.34	29.24	649.60
13	20	88	78.76	32.21	353.81
14		90	83.29	32.94	396.06
15		92	88.14	33.67	596.00
16		94	93.64	34.40	638.46
17	22	88	86.63	35.43	264.05
18		90	91.61	36.23	191.47
19		92	96.95	37.04	79.79
20	24	88	94.51	38.65	65.75
21		90	99.94	39.53	56.25
22	26	88	100.00	41.44	22.41

图 3-2 为不同压实度下的基质吸力与饱和度关系曲线。可见，压实度对土水特征曲线有非常显著的影响。土体压实度越高，相应孔隙比越小，使得空气难以进出土体内，土体排水变得更困难，导致土体的进气值也越高，压实度 88%、90%、92% 和 94% 下对应的进气值分别是 199kPa、267kPa、418kPa 和 452kPa，

说明高压实度土体在高饱和度下的保水能力很强，不易失水。在基质吸力一定的情况下，含水率随着干密度的增大而增大[61]。

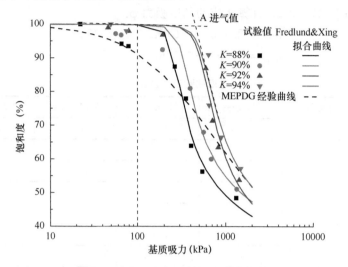

图 3-2 饱和度与基质吸力关系曲线

Fredlund&Xing 提出四参数的体积含水率 θ_w 与基质吸力 ψ 关系模型：

$$\theta_w = C(h_m) \frac{\theta_s}{\left\{\ln\left[e + \left(\frac{\psi}{a}\right)^b\right]\right\}^c} \tag{3-3}$$

$$C(h_m) = 1 - \frac{\ln\left(1 + \frac{\psi}{h_r}\right)}{\ln\left(1 + \frac{10^6}{h_r}\right)} \tag{3-4}$$

其中，θ_s 为饱和状态下的体积含水率；$C(h_m)$ 为调整系数；h_r 为与残留体积含水率对应的基质吸力，它使曲线的干燥段转为水平向；a、b 和 c 为拟合系数。根据饱和度与体积含水率的关系，可以得到饱和度与基质吸力的关系如下所示：

$$\theta_w = S_r \left(1 - \frac{r_d}{G_s \cdot \gamma_w}\right) \tag{3-5}$$

$$\theta_s = 100\% \times \left(1 - \frac{r_d}{G_s \cdot \gamma_w}\right) \tag{3-6}$$

$$S_r = C(h_m) \frac{1}{\left\{\ln\left[e + \left(\frac{\psi}{a}\right)^b\right]\right\}^c} \times 100\% \tag{3-7}$$

式中，S_r 为饱和度；G_s 为土的相对密度；r_d 为土的干重度；γ_w 为水的重度。

$$a = 0.00364(wI_P)^{3.35} + 4(wI_P) + 11 \tag{3-8}$$

第3章 黄泛区高液限黏土持水能力与强度特性

$$\frac{b}{c} = -2.313(wI_P)^{0.14} + 5 \tag{3-9}$$

$$c = 0.0514(wI_P)^{0.465} + 0.5 \tag{3-10}$$

$$\frac{h_r}{a} = 32.44e^{0.0186(wI_P)} \tag{3-11}$$

$$wI_P = P_{0.075} \times I_P \tag{3-12}$$

式中，$P_{0.075}$ 为 0.075mm 筛的通过率，以小数计；I_P 为土的塑性指数。根据黄泛区高液限黏土的粒径分布和塑性指数，可以得到各参数经验值如表 3-2 所示，相应的土水特征经验曲线如图 3-2 中的虚线所示。可见，MEPDG 经验曲线可在一定程度上反映黄泛区高液限黏土饱和度与基质吸力的相关关系，具有一定的普适性，但是在预测特定土体的 SWCC 关系时还存在一定偏差，且不能反映不同压实度下的基质吸力差异。

土水特征曲线四参数值　　　　　　　　表 3-2

参数	MEPDG 经验值	Fredlund&Xing 四参数模型拟合值			
		$K=88\%$	$K=90\%$	$K=92\%$	$K=94\%$
a (kPa)	256	248	313	510	530
c	0.73	0.29	0.28	0.35	0.31
b	1.01	7.48	7.03	6.01	5.87
h_r (kPa)	12939	12514	15819	25750	26766

3.2 直剪试验

土是摩擦型材料，根据摩尔-库仑（Mohr-Coulomb）强度理论，土的抗剪强度表达式为：

$$\tau_f = c + \sigma\tan\varphi \tag{3-13}$$

式中，σ 为剪切面上的法向应力；黏聚力 c 和内摩擦角 φ 是土体的两个抗剪强度指标，它们的大小与土中含水率、土体的孔隙比以及颗粒间的咬合摩擦特性等因素有关[62]。无论是内摩擦角还是黏聚力，其变化都受多因素的制约，但含水率和压实度是决定土体抗剪强度指标最主要的两个因素。

直剪试验试样采用湿法制备、静压法成型，参照《公路土工试验规程》JTG 3430—2020 进行快剪试验（图 3-3），剪切速率 0.8mm/min。根据路堤填筑施工时的含水率和压实度变化范围，快剪试验工况如下（表 3-3）：（1）规范规定的施工控制含水率为最优含水率 $w_{opt} \pm 2\%$，但考虑到黄泛区高液限黏土天然含水率较高且晾晒困难的特点，试验含水率依次取 13%、15%、17%、20%、22%、24% 和 26%；（2）规范规定的路堤区压实度 K 为不低于 94%，考虑到现场施工时湿侧压实的局限，试验压实度 K 分别取 88％、90％、92％和 94％；（3）由于山东省黄泛平原区地形平坦，高速公路填高多为 3～8m，考虑到路基实际所受的竖向压力，试验中设计施加的法向压力分别为 50kPa、100kPa 和 150kPa。

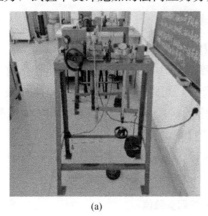

(a) (b)

图 3-3 不排水快剪试验
(a) 直剪仪；(b) 直剪试件

快剪试验工况 表 3-3

序号	含水率（％）	压实度（％）	饱和度（％）	孔隙比	空气体积率（％）	体积含水率（％）
1	13	88	51.19	0.698	20.07	20.94
2		90	54.14	0.660	18.24	21.41
3		92	57.29	0.624	16.41	21.89
4		94	60.67	0.589	14.58	22.36
5	15	88	59.07	0.698	16.83	24.16
6		90	62.46	0.660	14.93	24.71
7		92	66.10	0.624	13.03	25.25
8		94	70.00	0.589	11.12	25.80
9	17	88	66.94	0.698	13.59	27.38
10		90	70.79	0.660	11.62	28.00
11		92	74.91	0.624	9.64	28.62
12		94	79.34	0.589	7.66	29.24
13	20	88	78.76	0.698	8.74	32.21
14		90	83.29	0.660	6.65	32.94
15		92	88.14	0.624	4.56	33.67
16		94	93.64	0.589	2.47	34.40

第3章 黄泛区高液限黏土持水能力与强度特性

续表

序号	含水率（%）	压实度（%）	饱和度（%）	孔隙比	空气体积率（%）	体积含水率（%）
17		88	86.63	0.698	5.50	35.43
18	22	90	91.61	0.660	3.34	36.23
19		92	96.95	0.624	1.17	37.04
22		88	94.51	0.698	2.26	38.65
23	24	90	99.94	0.660	0.02	39.53
24	26	88	100.00	0.698	0.00	41.44

3.2.1 土体软化、硬化规律

图 3-4～图 3-6 分别绘制了典型含水率（13%、17%、20%）、典型压实度（88%）的试样在不同轴压下剪切曲线的变化情况。由图可知，无论土体在高含水率还是低含水率情况下，同一含水率的试样在相同剪切位移处所对应的剪切应力均随轴向压力的增大而增强[63]。

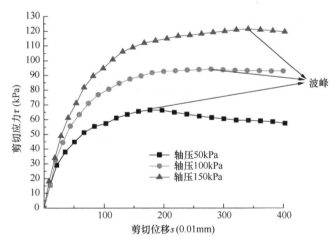

图 3-4 13%含水率及88%压实度的试样在不同轴压下的 τ-s 关系曲线

但略有不同的是，剪切曲线大致分为有波峰和无波峰两种。波峰现象的存在表明该工况下的土体具备较高的初始强度，随着剪切位移的增长超过峰值应力之后，土体发生软化，称之为剪切软化；无波峰现象表明该工况下土体在剪切过程中逐渐被挤密，其承受剪切变形的能力一直在增加，称之为剪切硬化。低含水率（图 3-4）、低轴压下（图 3-5）容易出现剪切软化，随着轴压、含水率的增加，逐渐出现硬化现象（图 3-5、图 3-6）。

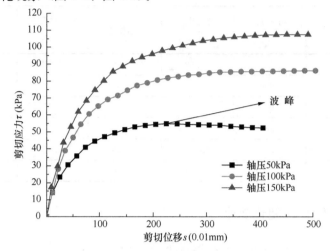

图 3-5　17％含水率及 88％压实度的试样在不同轴压下的 τ-s 关系曲线

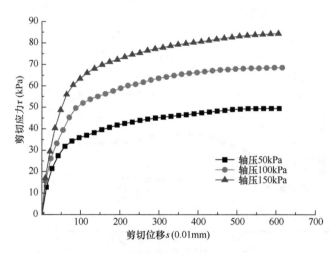

图 3-6　20％含水率及 88％压实度的试样在不同轴压下的 τ-s 关系曲线

同时，为研究不同压实度下土体软化硬化的影响，取含水率为 13％、15％、17％、20％的试样在 100kPa 轴压下的快剪试验结果进行对比分析[64]，如图 3-7～图 3-10 所示。

由图 3-7～图 3-11 可知：(1) 含水率较低（13％、15％、17％）的试样，其 τ-s 关系曲线中的软化点随压实度的增加依次提前，即较高压实度的试样会在较小的剪切位移处发生土体软化；(2) 含水率较低（13％、15％、17％）的试样，

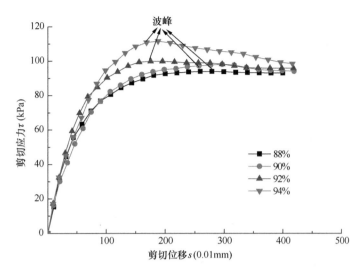

图 3-7 含水率 13% 试样在 100kPa 下的 τ-s 关系曲线

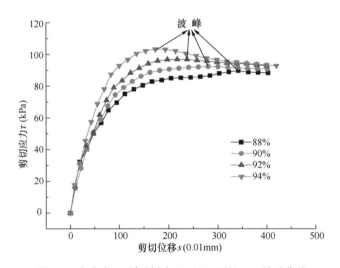

图 3-8 含水率 15% 试样在 100kPa 下的 τ-s 关系曲线

在较高压实度（92%、94%）下的 τ-s 关系曲线波峰现象更加明显，试样发生软化后，其剪应力随剪切位移的增大产生更为明显的衰减，最终衰减至与较低压实度（88%、90%）试样接近的残余剪切应力；（3）当试样含水率大于 20% 时，土体在各个压实度下均发生硬化现象，但其在较低压实度（88%、90%、92%）情况下的抗剪强度较为接近。

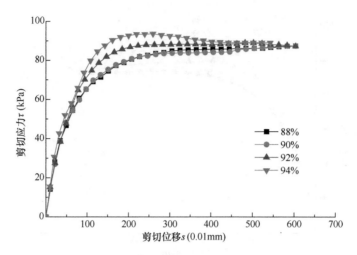

图 3-9　含水率 17% 试样在 100kPa 下的 τ-s 关系曲线

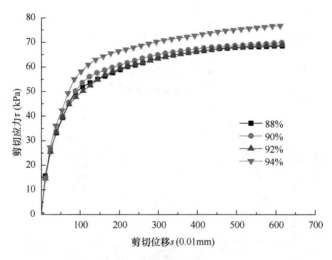

图 3-10　含水率 20% 试样在 100kPa 下的 τ-s 关系曲线

3.2.2　土体抗剪强度变化规律

根据《公路土工试验规程》JTG 3430—2020，土体抗剪强度的取值标准为：对于有波峰的 τ-s 关系曲线，取峰值应力作为该工况下的土体抗剪强度；对于无波峰的 τ-s 关系曲线，取剪切位移为 4mm 时的剪应力作为该工况下的土体抗剪强度，土体抗剪强度结果汇总于表 3-4。

直剪试验结果表   表 3-4

含水率（%）	压实度（%）	黏聚力（kPa）	内摩擦角（°）	含水率（%）	压实度（%）	黏聚力（kPa）	内摩擦角（°）
13	88	39.0	28.81	15	88	36.0	28.66
13	90	44.7	27.92	15	90	39.9	28.46
13	92	47.3	28.37	15	92	48.8	27.58
13	94	61.5	28.01	15	94	57.8	27.64
17	88	30.4	27.47	20	88	31.5	18.26
17	90	35.7	25.64	20	90	33.8	18.02
17	92	38.3	26.96	20	92	35.8	18.26
17	94	40.4	27.47	20	94	35.0	18.20
22	88	27.1	16.28	24	88	22.1	11.86
22	90	27.2	16.13	24	90	25.3	11.56
22	92	30.2	16.17	26	88	12.1	6.28

（1）不同含水率试样的抗剪强度包线

为更加直观地分析不同含水率试样的抗剪强度情况，取典型压实度为 88% 试样的抗剪强度结果，绘制各个含水率情况下的抗剪强度包线如图 3-11 所示，分析含水率对抗剪强度包线的影响规律。由图 3-11 可知，试样的抗剪强度受试样含水率影响明显。在相同轴压下，88% 压实度试样的抗剪强度随含水率的上升呈先平稳递减后加速减小的变化趋势，说明存在某些特定的临界含水率，当试样含水率超过该值后，试样抗剪强度将显著降低。

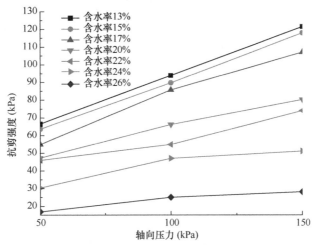

图 3-11　压实度 88% 时含水率对抗剪强度包线影响图

（2）含水率对抗剪强度的影响

取典型压实度 88% 抗剪强度试验结果进行分析。由图 3-12 可知，在相同轴压下，土体抗剪强度随含水率的增加呈线性递减趋势；对比不同轴压下试样的抗剪强度，易发现试样所处轴压越大，其衰减速率越快，其在50kPa、100kPa、150kPa轴压下抗剪强度随含水率的衰减幅值分别达52.13kPa、72.37kPa、96.94kPa，黄泛区高液限黏土的抗剪性能受含水率的影响非常显著；随着含水率的不断升高，当试样接近饱和状态时，3个轴压下的抗剪强度基本接近。

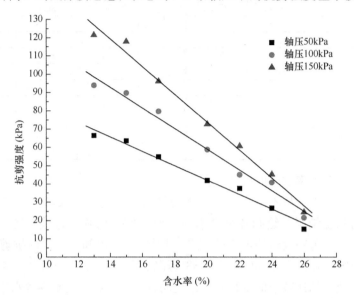

图 3-12　88％压实度试样抗剪强度与含水率关系

为更加直观地分析不同压实度试样的抗剪强度情况，取典型含水率为13％试样的抗剪强度结果，绘制各个压实度情况下的抗剪强度包线如图 3-13 所示，分析压实度对抗剪强度包线的影响规律。

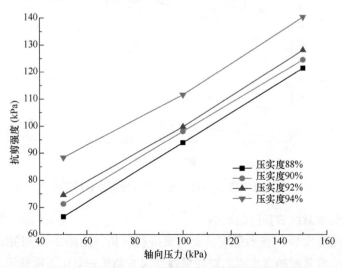

图 3-13　含水率13％时压实度对抗剪强度包线影响图

由图 3-13 可知，同一含水率的试样，在相同轴压下，其抗剪强度随压实度的提高而增大，但这种抗剪强度的增大规律在 88%～92%压实度区间内并不明显。各个压实度下的抗剪强度包线基本平行，表明压实度对土体内摩擦角的影响不大。由图 3-14 更能直观地看出在相同轴压下，试样的抗剪强度随压实度的增加而增大，但大体分为两个压实度区间：88%～92%平缓增加段，92%～94%快速增加段。

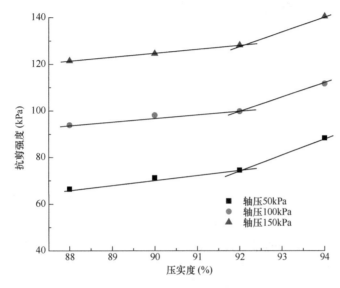

图 3-14　13%含水率试样抗剪强度与压实度关系

3.2.3　土体抗剪强度指标变化规律

（1）含水率对土体黏聚力的影响

由图 3-15 可知，同一压实度下，土体黏聚力 c 随含水率 w 的增加呈分段线性递减规律。在最优含水率左侧（即"干"侧），当土体含水率由 13%逐渐增加至 17%时，黏聚力由 39kPa（$K=88\%$）～61.5kPa（$K=94\%$）迅速降低至 30.4kPa（$K=88\%$）～40.4kPa（$K=94\%$），且压实度越高，衰减速率越快。当土体含水率由 17%增加至 20%时，黏聚力则相对稳定。当含水率增加至 20%～24%时，黏聚力随含水率的增加又以较快的速率减小，黏聚力由 31.5～35.8kPa 降低至 22.1～25.3kPa，当含水率达到 26%时，土体已接近饱和，此时的黏聚力为 12.1kPa。

土体黏聚力主要来源于土粒间的引力、水膜联结力及颗粒间的胶结等作用。土体含水率越大，颗粒间会充斥更多的水分子，颗粒间的水膜联结力会产生衰减；颗粒间的胶结物也会随着土体含水率的增加而开始产生破坏，其产生的胶结

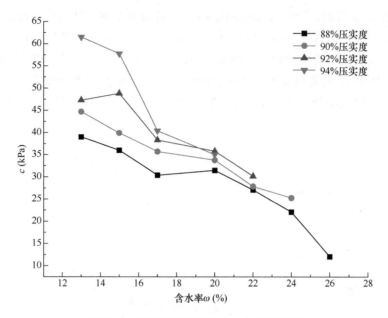

图 3-15　不同压实度试样的 c-w 关系曲线

作用逐渐减弱使得土体的黏聚力减小；这些水膜联结作用、胶结作用在不同含水率区间内对土体黏聚力的影响大小又存在区别，使土体黏聚力表现为在不同的含水率区间内存在不同的递减速率。

(2) 含水率对土体内摩擦角的影响

由图 3-16 可知，同一压实度下，土体内摩擦角 φ 随含水率 w 的增加同样呈分段线性递减规律。在最优含水率左侧，当土体含水率由 13% 逐渐增加至 17% 时，土体的内摩擦角几乎不受水率增加的影响，稳定在 27.0°～28.8°，但此时土体黏聚力衰减 22.1%～34.3%（图 3-16），该含水率区间属于低含水率下的黏聚力不稳定区。当土体含水率由 17% 增加至 20% 时，内摩擦角急剧减小至 18.2°，降幅达 36.8%，而黏聚力则相对稳定（图 3-16），该含水率区间属于中间含水率下的内摩擦角不稳定区。当含水率增加至 20%～24% 时，黏聚力和内摩擦角随含水率的增加同步以较快速率降低，该含水率区间属于高含水率下的抗剪强度双指标同步降低区。

土体的摩擦强度主要由嵌挤摩擦强度和滑动摩擦强度两部分组成。随着土体含水率的增加，水分子会侵入颗粒间的孔隙，并逐渐浸润颗粒以及颗粒间的胶结物。虽然水分子的浸润在一定程度上有利于增大土颗粒间的嵌入度，但受水的润滑作用，颗粒表面的光滑程度也会相应提高，降低了颗粒间的滑动摩擦强度。因此表现为：当含水率小于 17% 时，内摩擦角随含水率的升高缓慢减小，含水率的提升使得土颗粒在同等压实能下嵌入更加紧密，该部分作用对于提高内摩擦角

第3章 黄泛区高液限黏土持水能力与强度特性

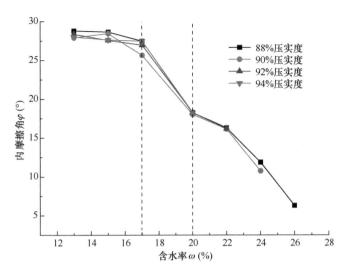

图 3-16 不同压实度试样的 φ-w 关系曲线

的贡献在一定程度上折减了因颗粒间胶结物软化、溶蚀和颗粒表面光滑程度的提高对降低内摩擦角的作用。而随着含水率的增大，水分逐渐浸入大部分孔隙，展现出内摩擦角 φ 随含水率 w 的增加而迅速减小的趋势。

（3）压实度对黏聚力的影响

由图 3-17 可知，随着土体含水率的增加，提高压实度对增大土体黏聚力的效果逐渐减弱。土体含水率在 13%、15% 时，黏聚力随压实度的增长显著，压实度每提高 1% 所对应的黏聚力分别增加 3.75kPa 和 3.63kPa，表明土体含水率在最优含水率的湿度状态时，提高压实度将大幅增加黏聚力；土体含水率在 17%、20% 时，压实度每提高 1%，黏聚力分别增加 1.67kPa 和 1.37kPa；当土体含水率增加至 22% 时，压实度每提高 1%，黏聚力仅增加 0.78kPa，几乎不受压实度的影响。这是由于低含水率试样在压实挤密的过程中，土颗粒间的距离逐渐减小，水膜的吸力作用和分子间的引力作用迅速增大，表现为压实度对低含水率试样黏聚力的增长贡献较为明显；而在高含水率试样压实度提高的过程中，土体中的空气不断排出，水分逐渐浸润大部分黏土颗粒，土体的饱和度增大，这会削弱颗粒间的胶结作用，在一定程度上减缓黏聚力随压实度的增长趋势。

（4）压实度对内摩擦角的影响

图 3-18 为黄泛区高液限黏土颗粒与普通黏土颗粒的微观结构对比。黄泛区高液限黏土颗粒在长距离水流搬运过程中，由于水的长时间浸泡侵蚀、水流冲刷和颗粒撞击等作用对土颗粒的形状产生了明显的削磨效应，与普通黏土颗粒结构相比，黄泛区高液限黏土颗粒磨圆度较高，颗粒表层破碎、剥落严重，强度较

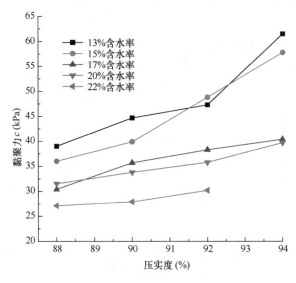

图 3-17 不同含水率试样的黏聚力随压实度变化图

低。由于该类型土体颗粒磨圆度较高,增大压实度对颗粒间嵌挤强度的提升较为有限。对比图 3-17、图 3-19 易知,压实度对内摩擦角的影响要远小于压实度对黏聚力的影响[65]。

图 3-18 黄泛区冲淤积形成的粉粒与普通粉粒的微观对比图
(a) 黄泛区高液限粉粒;(b) 普通粉粒

图 3-19 为不同含水率土样的内摩擦角随压实度的变化关系。由图 3-19 可知,对于同一含水率试样,其内摩擦角随压实度的变化大致呈缓慢减小的变化规律。压实度变化对土体内摩擦角的影响大致分为两方面:(1) 压实度增加,使得颗粒间相互挤密,增大土颗粒间的嵌入程度,该部分起到增大土体内摩擦角的作用,但是对该类黏土作用不明显;(2) 压实度增大同时会使土体空气体积率不断减小,由于含水率一定,其饱和度增加,水分子会浸润更多的土颗粒表面,该部分作用会降低颗粒间的摩擦强度。对于黄泛区高液限黏土而言,后者对内摩擦角

的减弱作用要稍大于前者,使其内摩擦角随压实度的增大呈缓慢减小趋势。

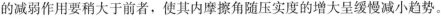

图 3-19　不同含水率试样的内摩擦角随压实度变化图

3.2.4　土体抗剪强度指标预估模型

对于黄泛区高液限黏土,由于黏聚力同时受含水率和压实度的影响,且均近似呈线性相关,故建立黏聚力与含水率 w(%)和压实度 K 的双因素经验关系[66]如下式所示:

$$c = (a_1 - a_2 \cdot w)(a_3 + a_4 \cdot K) \tag{3-14}$$

基于最小二乘法可以获得该二元函数的拟合系数为:$a_1=258.7$,$a_2=7.34$,$a_3=-1.28$,$a_4=1.72$,试验值和拟合值的关系如图 3-20(a)所示,两者紧密分布在 $y=x$ 线两侧,表明经验公式(3-14)可以很好地定量表征黏聚力与含水率和压实度的相关关系。在此基础上,可以得到黏聚力的云图如图 3-20(b)所示。

由于黄泛区高液限黏土的内摩擦角仅与含水率相关,几乎不受压实度的影响,近似采用 Logistic 函数定量表征内摩擦角与含水率 w(%)的单因素经验关系:

$$\varphi = b_1 + \frac{b_2 - b_1}{1 + \left(\dfrac{w}{I_P}\right)^{b_3}} \tag{3-15}$$

其中,I_P 为土体塑性指数,取 24.5。基于最小二乘法可以获得拟合参数为:$b_1=-11.02$,$b_2=30.37$,$b_3=5.42$,拟合曲线与试验值的对比如图 3-21 所示。

对于国内不同区域的典型细粒土,大多建立的是抗剪强度指标与特定压实度

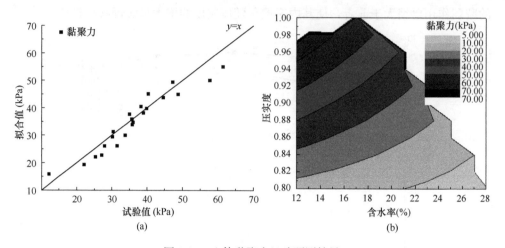

图 3-20 土体黏聚力经验预测结果
（a）拟合值与试验值对比；（b）黏聚力预测值云图

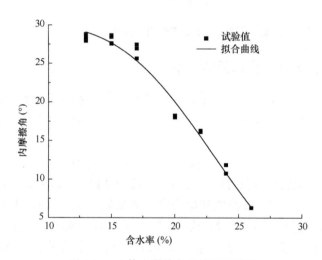

图 3-21 土体内摩擦角经验预测结果

（或干密度）下含水率的单因素函数[67-68]。如大连高液限黏土，$w_L=63.5\%$，$w_P=26\%$，$\rho_d=1.82 \mathrm{g/cm^3}$，黏聚力与内摩擦角经验公式：

$$c=-18.932w^2+576.01w-3981.5 \tag{3-16}$$

$$\varphi=-49.621\ln w+171.79 \tag{3-17}$$

山西黄土，$w_L=24.3\%\sim26.1\%$，$w_P=17\%\sim18.9\%$，$\rho_d=1.47\sim1.50 \mathrm{g/cm^3}$，黏聚力与内摩擦角经验公式为：

$$c=-4.99w+97.34 \tag{3-18}$$

$$\varphi=-0.43w+29.34 \tag{3-19}$$

福建残积黏性土，$w_L=49.7\%$，$w_P=35.8\%$，$\rho_d=1.60\text{g/cm}^3$，经验公式为：
$$c = e^{4.051-0.0462w} \tag{3-20}$$

安徽粉质黏土，2号土：$w_L=30.6\%$，$w_P=19.4\%$；3号土，$w_L=22.7\%$，$w_P=17.4\%$。当$\rho_d=1.48\text{g/cm}^3$时，黏聚力与内摩擦角经验公式分别为：

2号土：
$$c=-0.15w^2+1.31w+110 \tag{3-21}$$
$$\varphi=-0.19w+40.49 \tag{3-22}$$

3号土：
$$c=-0.41w^2+11.6w+9.6 \tag{3-23}$$
$$\varphi=-1.62w+48.8 \tag{3-24}$$

桂林高液限黏土，$w_L=77.8\%$，$w_P=42.1\%$，$\rho_d=1.44\text{g/cm}^3$，相应的经验公式为：
$$c=-0.02976w^3+0.946w^2-2.63w+256 \tag{3-25}$$
$$\varphi=-0.0548w^2+2.52w+4 \tag{3-26}$$

图3-22对比了黄泛区高液限黏土与国内典型细粒土黏聚力、内摩擦角与含水率的关系。可见，土体的抗剪强度指标与土体的类型密切相关，大致规律为：粉土＜粉质黏土＜黏土。对于同一类土，液、塑限越高，对应的抗剪强度越高，如桂林高液限黏土＞大连高液限黏土。黄泛区高液限黏土的内摩擦角虽然与普通粉质黏土比较相近，但其黏聚力明显低于安徽粉质黏土，与同等液、塑限水平下的福建残积黏性土比较接近，两者的黏聚力仅略高于山西黄土[69]。

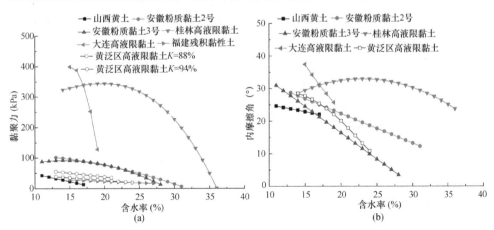

图3-22 典型细粒土抗剪强度指标与含水率的关系曲线
(a) 黏聚力；(b) 内摩擦角

3.3 平衡湿度及长期静稳定性

黄泛区高液限黏土多分布在河流湖泊周围，地下水位相对较高，一般距地表

2m左右，由该类土填筑而成的路基，其湿度主要由地下水控制。土的基质吸力 ψ 与至地下水位的距离 h 呈线性关系，即 $\psi = h\gamma_w$。黄泛区路基高度大多为3~8m，则路基内部的基质吸力为 20~100kPa[70]。根据图 3-2 中的土水特征曲线实测数据来看，平衡湿度下的饱和度大多在 95% 以上，尤其是当以 Fredlund&Xing 拟合曲线判断时，平衡湿度更接近饱和。因此，黄泛区高液限黏土填筑路基平衡湿度下的含水率可采用下式保守判断：

$$w_{\text{balance}} = \left(\frac{1}{K \cdot \rho_{\text{dmax}}} - \frac{1}{G_s}\right) \times 100\% \quad (3-27)$$

式中，w_{balance} 为平衡含水率，定义为平衡湿度下对应的含水率。可见，土体压实度越高，对应的平衡含水率越低，根据式（3-27）计算压实度 88%、90%、92% 和 94% 所对应的平衡含水率分别为 26%、24%、23% 和 22%。结合抗剪强度指标经验公式，可以得到平衡含水率下土体的黏聚力和内摩擦角如下式所示：

$$c = (258.7 - 7.34w_{\text{balance}})(-1.28 + 1.72K) \quad (3-28)$$

$$\varphi = -11.02 + \frac{30.37 + 11.02}{1 + \left(\dfrac{w_{\text{balance}}}{24.5}\right)^{5.42}} \quad (3-29)$$

压实度由 88% 增加至 96% 时，路基平衡含水率由 26% 降低至 21%，高于最优含水率 4%~9%，通过式（3-28）和式（3-29）可计算得到土体在平衡含水率下的黏聚力和内摩擦角，并将其和路基施工期间控制含水率（$w_{\text{opt}} \pm 2\%$）的抗剪强度指标进行对比，如图 3-23 所示。相同压实度下，平衡含水率状态下的抗剪强度较施工状态有很大幅度的降低，高速公路对地基、路堤和路床的压实度要求[71]为不低于 90%、94% 和 96%，施工含水率状态（$w_{\text{opt}} \pm 2\%$）下的黏聚力分别为 32~39.8kPa、40.2~50.0kPa 和 44.3~55.2kPa，平衡含水率状态下的黏聚力分别降低到 21.4kPa、33.3kPa 和 40.0kPa，依次衰减了 33%~46.2%、

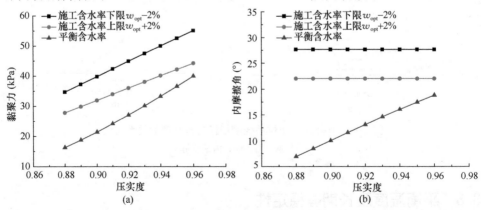

图 3-23 不同含水率状态下的抗剪强度指标
（a）黏聚力；（b）内摩擦角

第3章 黄泛区高液限黏土持水能力与强度特性

17.0%~33.4%和9.6%~27.5%；对于上述三种压实度，施工含水率下的内摩擦角均为22°~27.7°，而平衡含水率状态下的内摩擦角分别降低到10.0°、16.1°和18.8°，依次衰减了54.6%~63.8%、27%~41.9%和14.5%~31.9%。可见，随着压实度的增加，平衡含水率下的抗剪强度指标越来越接近湿侧碾压施工状态，尤其是内摩擦角，这主要是由于平衡含水率随着压实度的增加而逐步降低。

根据高速公路双向四车道典型横断面结构，路床、路堤和地基（有效加固深度取 5m）的厚度和压实土体参数如表 3-5 所示。

典型高速公路路基填土参数　　　　表 3-5

结构层	厚度 (m)	压实度	黏聚力 (kPa)			内摩擦角 (°)		
			$w_{opt}-2\%$	$w_{opt}+2\%$	平衡含水率	$w_{opt}-2\%$	$w_{opt}+2\%$	平衡含水率
路床	0.8	0.96	55.2	44.3	40.0	27.7	22.0	18.8
上路堤	0.7	0.94	50.0	40.2	33.3	27.7	22.0	16.1
下路堤	$H-1.5$	0.93	47.5	38.1	30.1	27.7	22.0	14.6
加固地基	5	0.9	39.8	32.0	21.4	27.7	22.0	10.0

若路面为典型 18cm 沥青混凝土面层＋38cm 水泥稳定碎石层＋20cm 二灰土结构，车辆荷载按照汽－20 级设计，路面自重和车辆荷载等效为 34kPa 均布荷载施加于路床表面，按照毕肖普方法[72]分别计算施工含水率状态上限 $w_{opt}+2\%$、施工含水率下限 $w_{opt}-2\%$ 和平衡湿度状态下，路基高度 3~20m 范围内的稳定安全系数（图 3-24）。以计算平衡湿度下 6m 高路基安全

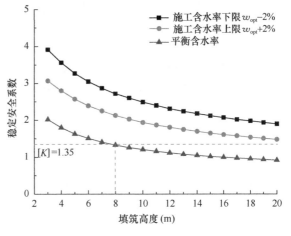

图 3-24 路基稳定安全系数与填筑高度的关系

系数为例，由式（3-27）得到各压实度状态所对应的平衡湿度，查表 3-5 得出路基安全系数计算所需参数，将其输入计算模型进行计算[73]。计算结果表明，按照 $w_{opt}+2\%$ 碾压路基的稳定安全系数普遍高于规范允许值 1.35，即使是湿侧碾压，20m 高的路基稳定安全系数仍达到 1.5。但是，当路基达到平衡湿度状态时，稳定安全系数出现较大程度的衰减，对应的临界高度为 8m。若路基高度超过 8m，尽管施工阶段路基具备较高的稳定性，但从长期运营安全角度考虑，路基存在失稳的风险。因此，在判断路基稳定性时，需结合路基湿度状态选取对应的抗剪强度指标[74]，单纯选择设计状态或饱和状态下的强度指标会造成计算偏

危险或过于保守。

3.4 固气固水条件下的三轴试验

本次试验采用《公路土工试验规程》JTG 3430—2020 规定的三轴不固结不排水压缩试验（UU），以静压方法制备不同含水率与不同压实度的试件，免去试件的饱和过程，对试样施加周围压力后，即施加轴向压力，使试样在不固结不排水条件下剪切。

试验所采用的三轴仪由周围压力系统、反压力系统、孔隙水压力测量系统和主机构成，如图 3-25 所示。

为揭示不同含水率与压实度下填筑土体的强度特性，分别选取含水率为 17%、20%、23%、26% 和 29%，压实度为 85%、90%、93% 和 96% 进行三轴试验。考虑到碾压过程时间短暂，此时土体孔隙水来不及排出和消散，故采用不固结不排水三轴剪切试验[75]。具体试验工况如表 3-6 所示。

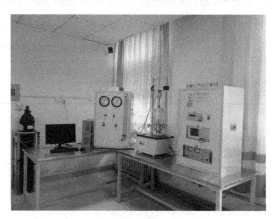

图 3-25 三轴仪

三轴试验工况　　　　　　　　　表 3-6

含水率（%）	围压（kPa）	压实度（%）	饱和度（%）	孔隙比	空气体积率（%）	体积含水率（%）
17	100					
	200	85	58.63	0.80	18.35	26.01
	300					
	100					
	200	90	67.02	0.70	13.55	27.54
	300					
	100					
	200	93	72.73	0.64	10.67	28.46
	300					
	100					
	200	96	79.05	0.59	7.79	29.38
	300					

第3章　黄泛区高液限黏土持水能力与强度特性

续表

含水率 (%)	围压 (kPa)	压实度 (%)	饱和度 (%)	孔隙比	空气体积率 (%)	体积含水率 (%)
20	100	85	68.98	0.80	13.76	30.60
	200					
	300					
	400					
	100	90	78.85	0.70	8.69	32.40
	200					
	300					
	400					
	100	93	85.57	0.64	5.65	33.48
	200					
	300					
	400					
	100	96	92.99	0.59	2.60	34.56
	200					
	300					
	400					
23	100	85	79.32	0.80	9.17	35.19
	200					
	300					
	400					
	100	90	90.68	0.70	3.83	37.26
	200					
	300					
	400					
	100	93	98.40	0.64	0.63	38.50
	200					
	300					
	400					
26	100	85	89.67	0.80	4.58	39.78
	200					
	300					

续表

含水率（%）	围压（kPa）	压实度（%）	饱和度（%）	孔隙比	空气体积率（%）	体积含水率（%）
29	100	85	100	0.80	0	44.37
	200					
	300					

黄泛区高液限黏土试件剪切前后对比如图 3-26 所示，图 3-26（a）左侧为剪切前试件，右侧为围压 300kPa 下剪切破坏时的试件。图 3-26（b）为不同围压下剪切破坏时的试件对比，从左至右分别为围压 300kPa、200kPa、100kPa，试样均无明显破裂面，表现为过大的塑性变形。

图 3-26　试件剪切前后对比
(a) 围压 300kPa 下试件剪切前后对比；(b) 围压 300kPa、200kPa、100kPa 下剪切破坏后对比

图 3-27~图 3-38 为不同物理状态、应力状态下土体应力-应变关系的影响。总体而言，含水率的提高（17%~26%），一方面会降低土体的黏聚力和内摩擦角，导致土体的强度降低，但当含水率由 26%增加至 29%时，土体强度基本不再发生改变；另一方面，对非饱和土而言，含水率越高，孔隙水也越容易承担外部荷载，在低围压下（小于 100kPa），荷载主要由土骨架和孔隙气承担，孔压增长较小，有利于土体强度增长；围压较高时，荷载开始由孔隙水承担，孔压增长较快，土体强度不再增长甚至降低。虽然低含水率下压实更容易获得高强度的土体，但由于该高液限黏土对含水率非常敏感，一旦水分入侵，将导致土体强度急剧降低，降幅达 50%以上，这反而对路基强度和稳定性是不利的。因此，在实际工程中，可以考虑提高压实含水率，同时采用振动碾压等工艺，保证碾压过程中排水排气，以提高土体压实效果[76-77]。

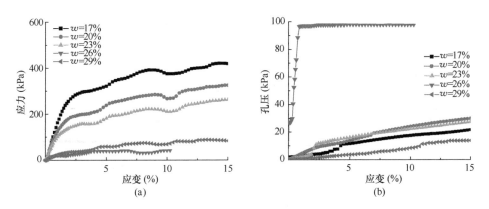

图 3-27 压实度 85%、围压 100kPa 时,不同含水率下的应力-应变和孔压-应变关系

(a) 应力-应变关系;(b) 孔压-应变关系

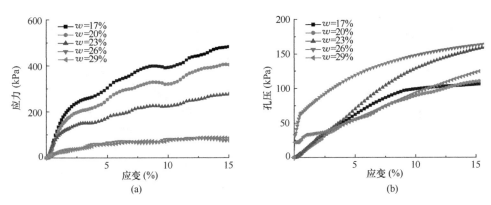

图 3-28 压实度 85%、围压 200kPa 时,不同含水率下的应力-应变和孔压-应变关系

(a) 应力-应变关系;(b) 孔压-应变关系

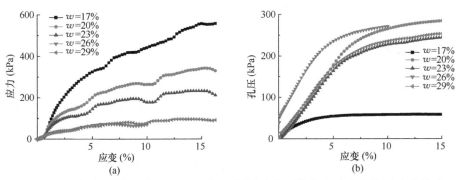

图 3-29 压实度 85%、围压 300kPa 时,不同含水率下的应力-应变和孔压-应变关系

(a) 应力-应变关系;(b) 孔压-应变关系

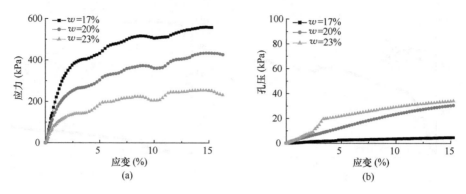

图 3-30　压实度 90%、围压 100kPa 时，不同含水率下的应力-应变和孔压-应变关系
(a) 应力-应变关系；(b) 孔压-应变关系

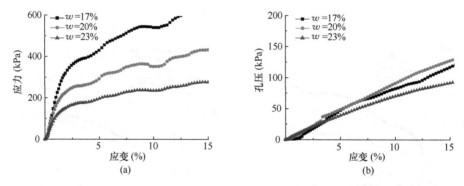

图 3-31　压实度 90%、围压 200kPa 时，不同含水率下的应力-应变和孔压-应变关系
(a) 应力-应变关系；(b) 孔压-应变关系

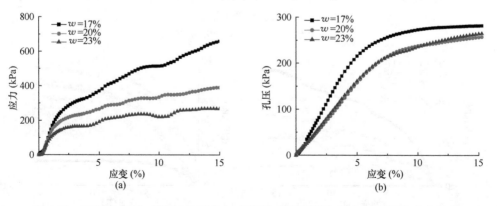

图 3-32　压实度 90%、围压 300kPa 时，不同含水率下的应力-应变和孔压-应变关系
(a) 应力-应变关系；(b) 孔压-应变关系

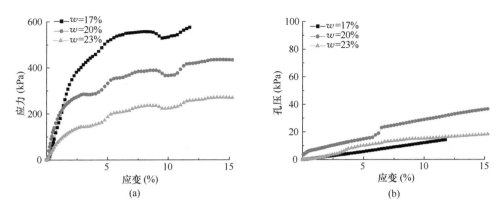

图 3-33 压实度 93%、围压 100kPa 时，不同含水率下的应力-应变和孔压-应变关系
(a) 应力-应变关系；(b) 孔压-应变关系

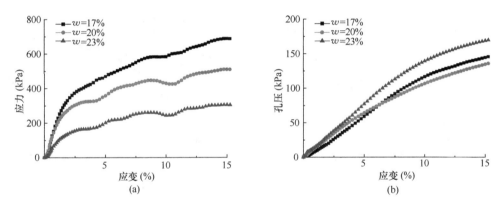

图 3-34 压实度 93%、围压 200kPa 时，不同含水率下的应力-应变和孔压-应变关系
(a) 应力-应变关系；(b) 孔压-应变关系

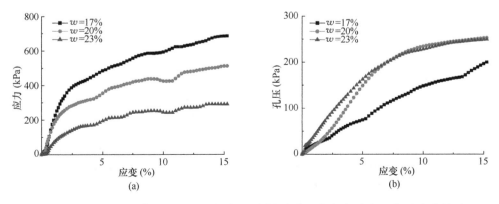

图 3-35 压实度 93%、围压 300kPa 时，不同含水率下的应力-应变和孔压-应变关系
(a) 应力-应变关系；(b) 孔压-应变关系

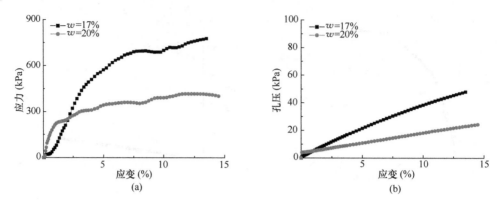

图 3-36　压实度 96％、围压 100kPa 时，不同含水率下的应力-应变和孔压-应变关系
(a) 应力-应变关系；(b) 孔压-应变关系

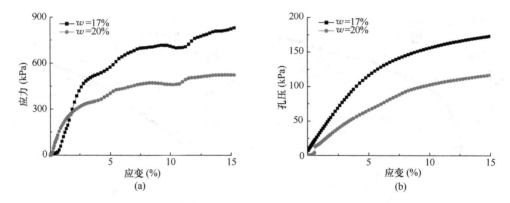

图 3-37　压实度 96％、围压 200kPa 时，不同含水率下的应力-应变和孔压-应变关系
(a) 应力-应变关系；(b) 孔压-应变关系

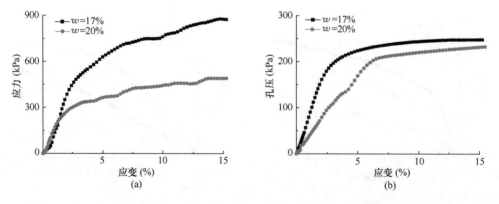

图 3-38　压实度 96％、围压 300kPa 时，不同含水率下的应力-应变和孔压-应变关系
(a) 应力-应变关系；(b) 孔压-应变关系

第3章 黄泛区高液限黏土持水能力与强度特性

取偏应力-应变曲线中的应力峰值点作为土体的静强度，对于应变硬化型的土样，静强度取值为轴向应变15%所对应的偏应力值。定义归一化静强度为静强度与相应围压比值的一半，近似表征路基某深度处附加应力与自重应力的比值。图3-39为不同含水率和压实度下土体归一化静强度与饱和度、空气体积率的相关关系，包括3条含水率等值线（$w=17\%$、20%和23%）和4条压实度等值线（$K=85\%$、90%、93%和96%）。含水率和压实度的提高均会导致土体饱和度的增加和空气体积率的减小，但饱和度或空气体积率的变化路径决定了归一化静强度的演化趋势。从路基长期运营的角度，在压实度恒定时，由土体吸湿引起的饱和度增加（或空气体积率减小）将导致归一化静强度大幅衰减，如归一化静强度由施工饱和度（相应空气体积率$V_a=10.7\%$）时的3.0降至运营饱和度（相应$V_a=0.7\%$）时的1.4，此时的含水率稳定在23%，土体仍具有较高的静强度。从路基施工压实的角度，在含水率恒定时，由土体压实引起的饱和度增加会导致归一化静强度的提高，但增长幅度受土体含水率状态的影响。

当土体以最优含水率$w=17\%$压实时，归一化静强度随饱和度的增加而显著提高；当土体以含水率$w=20\%$和23%压实时，归一化静强度的增幅放缓，尤其是饱和度超过79%后，归一化静强度基本不再提高，分别稳定在2.1和1.4；当含水率提高至26%及以上时，土体的静强度已经非常小。可见，对于土体压实而言，存在一个最优饱和度$S_r=79\%$（相应$V_a=8\%$），低于该值时，土体强度随压实功的增加而增大；高于该饱和度后，继续提高压实功，土体的强度不再有显著提高[78]。

Heitor等[79]在研究压实粉砂土的强度时，同样发现存在一个最优饱和度范围（$S_r=67\%\sim80\%$）使得土体强度最大，称之为Moderate aggregation region。对此解释为：尽管低饱和度下土体的基质吸力较高，但土颗粒的接触程度低、骨架结构不够密实，导致土体整体强度并不高，称之为Extensive aggregation region；而在高饱和度下，尽管土骨架已足够密实，但此时基质吸力很低，同样导致土体强度不高，称之为Insignificant aggregation region，因而存在一个最优饱和度。但是，对于黄泛区高液限黏土而言，当饱和度高于此最优饱和度后，土体静强度并未出现显著降低，这是由于土体的进气值很高，在高饱和度下仍具有较高的基质吸力，如图3-39所示。另外，日本土质路基压实控制标准[80]中，对于0.075mm过筛量在20%以上的土按照空气体积率$V_a\leqslant8\%$作为压实标准，这也与本试验的结论一致，而且当土体含水率控制在20%~23%、压实度为90%~93%时，土体归一化静强度不会因运营期饱和度的增加或空气体积率的降低而衰减，具有良好的水稳定性。

基于三轴试验，可以得到黄泛区高液限黏土黏聚力与饱和度、空气体积率的相关关系如图3-40所示。与土体归一化静强度规律相似，从施工压实的角度，

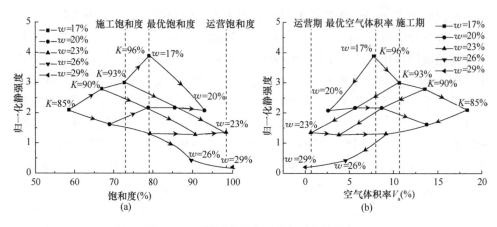

图 3-39 不同压实状态下的归一化静强度
(a) 饱和度与归一化静强度；(b) 空气体积率与归一化静强度

按照最优含水率 $w=17\%$、压实度标准 $K=93\%$ 获得的土体黏聚力（241kPa）低于按照空气体积率标准（$V_a=8\%$）得到的黏聚力值（316kPa），这也意味着需要更多的压实功以获得更高的强度。但进一步提高压实功使得土体饱和度超过最优饱和度 79%（空气体积率低于 8%）时，土体的黏聚力将不再增加，尤其是以含水率 20%～23% 压实时，压实度由 90% 提高至 96% 过程中，土体的黏聚力变化不大。从长期运营的角度，因土体吸湿引起的饱和度增加均会导致土体黏聚力的减小，在饱和度不低于 90% 时，黏聚力逐渐衰减并稳定在运营饱和度（相应含水率 23%）时的 116kPa。

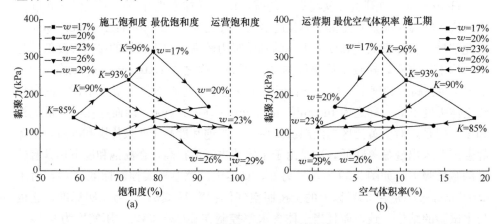

图 3-40 不同压实状态下的黏聚力
(a) 饱和度与黏聚力；(b) 空气体积率与黏聚力

目前，我国高速公路在路基施工期严格控制含水率为 $w_{opt}\pm2\%$ 和压实度不低于 93%，路基设计时考虑运营期的强度折减影响，并以饱和度定量表征运营

第3章 黄泛区高液限黏土持水能力与强度特性

期的平衡湿度。而日本和英国的土质路基压实采用空气体积率指标[81]，含水率以满足施工机械操作和路基长期水稳定性进行控制，因此在相同空气体积率下建议选择湿侧含水率。针对黄泛区高液限黏土，表3-7列出了我国和日本土质路基压实标准下土体施工期与运营期的强度值。其中，我国施工期的控制含水率 w_{opt} =17％、压实度 K =93％，运营期的含水率增加至23％，此时土体的黏聚力和内摩擦角分别由241kPa、12.9°降至116kPa、4.8°。若按照日本路基压实空气体积率 V_a 不高于8％的标准，施工含水率分别取塑限以下的17％和20％，此时的压实度应不低于96％和90％，此时的黏聚力、内摩擦角分别为316kPa、15°和145kPa、10.8°。可见，当采用空气体积率作为细粒土压实标准时，土体含水率越低，相应的压实度要求将越高，所需的压实能也将越高；含水率越高，相应的压实度会越低，但要以保证施工可操作性和水稳定性为前提。

不同压实标准和土体状态下土体性能指标　　　　表3-7

压实标准	状态	含水率（％）	压实度（％）	空气体积率（％）	饱和度（％）	黏聚力（kPa）	内摩擦角（°）	回弹模量（MPa）
中国	施工期	17	93	10.7	72.7	241	12.9	158
中国	运营期	23	93	0.6	98.4	116	4.8	42
日本	施工期	17	96	8	79.1	316	15	165
日本	施工期	20	90	8	78.9	145	10.8	79
日本	运营期	20	96	2.6	93.0	152	10.5	125
日本	运营期	23	90	3.8	90.7	117	4.3	40

从黄泛区高液限黏土三轴试验抗剪强度结果看，土体的压实含水率不应高于23％，相应压实度不应低于90％。根据黄泛区高速公路双向四车道典型横断面结构，路面结构为18cm沥青混凝土面层＋38cm水泥稳定碎石层＋20cm二灰土，车辆荷载按照汽－20级设计，路面自重和车辆荷载等效为34kPa均布荷载施加于路床表面；路基采用高液限黏土作为填料，其黏聚力和内摩擦角根据相应的工况进行取值；地基有效加固深度取5m，含水率和压实度分别为23％和90％，加固深度以下20m作为天然地基土，含水率和压实度分别为29％和85％。按照毕肖普（Bishop）方法，分别计算不同含水率状态下路基稳定安全系数与填筑高度的关系如图3-41所示。对于 K 不低于90％的压实路基，其稳定安全系数普遍高于1.35的规范允许值；当按 K 不低于93％压实时，施工期的路基稳定安全系数明显高于运营期；当路基按照 V_a =8％、K =90％控制压实时，运营期的稳定安全系数不会较施工期产生显著的衰减，且与我国规范压实标准下的运营期稳定性相当，此状态压实的路基具有较好的水稳定性。

按照直剪试验所得抗剪强度指标计算出的路基稳定安全系数在达到平衡湿度状态时出现较大程度的衰减，对应的临界高度为8m。而按照本节三轴试验得到

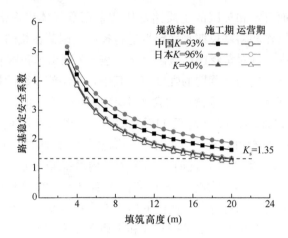

图 3-41 路基稳定安全系数与填筑高度的关系

的抗剪强度指标,计算得到的临界高度为20m。考虑黄泛区高液限黏土路基在运营期气、水两相被上部较硬结构层封闭无法排出,土体近似表现出不排气、不排水的封闭"弹性变形体"特征,三轴试验所得到的抗剪强度指标更符合路基实际工作状态[82]。

第 4 章 黄泛区高液限黏土动力特性

为真实反映道路材料在行车荷载作用下的基本力学性状,《公路路基设计规范》JTG D30—2015 对上版规范中的路基设计指标与控制标准进行了修改。在大量相关研究的基础上,《公路路基设计规范》JTG D30—2015 借鉴国际主流的路面结构设计力学－经验法,采用路床顶面"动态回弹模量"为设计指标、"竖向压应变"为验算指标。本章基于 MTS 动三轴试验,针对山东省黄泛区高液限黏土在三种含水率(17%,20%和23%)和三种压实度(88%,90%和94%)工况下进行动三轴试验研究,分析动态回弹模量与应力水平(动偏应力 σ_d 和围压 σ_3)、土体物理状态的关系。在已有的复合类应力依赖性模型的基础上,利用试验测得的动态回弹模量和对应的应力水平对预估模型进行参数拟合,得到黄泛区高液限黏土路基动态回弹模量的预估表达式[83-84],为黄泛区高液限黏土路基新的设计指标参数体系提供可靠科学依据。

4.1 动三轴试验

动三轴试样尺寸为直径 10cm、高度 20cm,湿法配置相应含水率的土样,经过静压法制备成样,如图 4-1 所示。

所用动三轴仪是在常规静三轴仪的基础上,通过增加轴向激振系统改造而成。加载系统为液压伺服系统,三轴室的围压通过油压进行施加。动三轴试验的加载频率 10Hz,采用半正弦荷载,动态回弹模量试验参照《公路路基设计规范》JTG D30—2015 附录 A,试验如图 4-2 所示。

图 4-1 压实后的三轴试样

图 4-2 动三轴试验

由于土体动力性能受应力条件影响显著，为研究黄泛区高液限黏土在真实应力条件下的动力行为，模拟路面结构（厚0.84m）和路基结构（路基厚度3m）工况，并将该类黏土用于一般路堤填筑，选择距离路面顶分别为1.64m（路床底部）和3.84m（路基底部）范围内的土体进行分析，经计算其围压上、下限分别为14kPa和35kPa，因此，将围压水平分别设为14kPa、20kPa和35kPa。动偏应力比指动偏应力与围压比值σ_d/σ_3，反映了动应力水平的大小，为对比试样在不同物理状态下动应力水平对其动态回弹模量的影响，根据围压水平设计了一系列动偏应力水平。具体工况如表4-1～表4-3所示。

围压14kPa时的加载工况　　　　　　　　　表4-1

试验类型	加载次序	围压（kPa）	动偏应力（kPa）	加载次数	加载时间
	0-预压	14	0.3	维持至变形稳定	维持至变形稳定
长期动力加载	1	14	3	5000	500s
	2	14	6	5000	500s
	3	14	10	5000	500s
	4	14	14	5000	500s
	5	14	21	5000	500s
	6	14	28	5000	500s
	7	14	42	5000	500s
	8	14	56	5000	500s
	9	14	70	5000	500s
短时动力加载：确定动态回弹模量	10	14	3	稳定后100	1min
	11	14	6	稳定后100	1min
	12	14	10	稳定后100	1min
	13	14	14	稳定后100	1min
	14	14	21	稳定后100	1min
	15	14	28	稳定后100	1min
	16	14	42	稳定后100	1min
	17	14	56	稳定后100	1min
	18	14	70	稳定后100	1min
静力逐级加/卸载：确定静态回弹模量	19-1	14	3	线性加载至预定荷载	维持至变形稳定
	19-2	14	0	线性卸载至预定荷载	维持至变形稳定
	20-1	14	6	线性加载至预定荷载	维持至变形稳定
	20-2	14	0	线性卸载至预定荷载	维持至变形稳定
	21-1	14	10	线性加载至预定荷载	维持至变形稳定

续表

试验类型	加载次序	围压（kPa）	动偏应力（kPa）	加载次数	加载时间
	0-预压	14	0.3	维持至变形稳定	维持至变形稳定
静力逐级加/卸载：确定静态回弹模量	21-2	14	0	线性卸载至预定荷载	维持至变形稳定
	22-1	14	14	线性加载至预定荷载	维持至变形稳定
	22-2	14	0	线性卸载至预定荷载	维持至变形稳定
	23-1	14	21	线性加载至预定荷载	维持至变形稳定
	23-2	14	0	线性卸载至预定荷载	维持至变形稳定
	24-1	14	28	线性加载至预定荷载	维持至变形稳定
	24-2	14	0	线性卸载至预定荷载	维持至变形稳定
	25-1	14	42	线性加载至预定荷载	维持至变形稳定
	25-2	14	0	线性卸载至预定荷载	维持至变形稳定
	26-1	14	56	线性加载至预定荷载	维持至变形稳定
	26-2	14	0	线性卸载至预定荷载	维持至变形稳定
	27-1	14	70	线性加载至预定荷载	维持至变形稳定
	27-2	14	0	线性卸载至预定荷载	维持至变形稳定

围压 20kPa 时的加载工况　　　　表 4-2

试验类型	加载次序	围压（kPa）	动偏应力（kPa）	加载次数	加载时间
	0-预压	20	0.4	维持至变形稳定	维持至变形稳定
长期动力加载	1	20	4	5000	500s
	2	20	8	5000	500s
	3	20	14	5000	500s
	4	20	20	5000	500s
	5	20	40	5000	500s
	6	20	60	5000	500s
	7	20	80	5000	500s
短时动力加载：确定动态回弹模量	8	20	4	稳定后 100	1min
	9	20	8	稳定后 100	1min
	10	20	14	稳定后 100	1min
	11	20	20	稳定后 100	1min
	12	20	40	稳定后 100	1min
	13	20	60	稳定后 100	1min
	14	20	80	稳定后 100	1min

续表

试验类型	加载次序	围压（kPa）	动偏应力（kPa）	加载次数	加载时间
	0-预压	20	0.4	维持至变形稳定	维持至变形稳定
静力逐级加/卸载：确定静态回弹模量	15-1	20	4	线性加载至预定荷载	维持至变形稳定
	15-2	20	0	线性卸载至预定荷载	维持至变形稳定
	16-1	20	8	线性加载至预定荷载	维持至变形稳定
	16-2	20	0	线性卸载至预定荷载	维持至变形稳定
	17-1	20	14	线性加载至预定荷载	维持至变形稳定
	17-2	20	0	线性卸载至预定荷载	维持至变形稳定
	18-1	20	20	线性加载至预定荷载	维持至变形稳定
	18-2	20	0	线性卸载至预定荷载	维持至变形稳定
	19-1	20	40	线性加载至预定荷载	维持至变形稳定
	19-2	20	0	线性卸载至预定荷载	维持至变形稳定
	20-1	20	60	线性加载至预定荷载	维持至变形稳定
	20-2	20	0	线性卸载至预定荷载	维持至变形稳定
	21-1	20	80	线性加载至预定荷载	维持至变形稳定
	21-2	20	0	线性卸载至预定荷载	维持至变形稳定

围压 35kPa 时的加载工况　　　　　　　　　　　表 4-3

试验类型	加载次序	围压（kPa）	动偏应力（kPa）	加载次数	加载时间
	0-预压	35	0.7	维持至变形稳定	维持至变形稳定
长期动力加载	1	35	7	5000	500s
	2	35	14	5000	500s
	3	35	25	5000	500s
	4	35	35	5000	500s
	5	35	53	5000	500s
	6	35	70	5000	500s
	7	35	105	5000	500s
短时动力加载：确定动态回弹模量	8	35	7	稳定后100	1min
	9	35	14	稳定后100	1min
	10	35	25	稳定后100	1min
	11	35	35	稳定后100	1min
	12	35	53	稳定后100	1min
	13	35	70	稳定后100	1min
	14	35	105	稳定后100	1min

续表

试验类型	加载次序	围压 (kPa)	动偏应力 (kPa)	加载次数	加载时间
	0-预压	35	0.7	维持至变形稳定	维持至变形稳定
静力逐级 加/卸载： 确定静态 回弹模量	15-1	35	7	线性加载至预定荷载	维持至变形稳定
	15-2	35	0	线性卸载至预定荷载	维持至变形稳定
	16-1	35	14	线性加载至预定荷载	维持至变形稳定
	16-2	35	0	线性卸载至预定荷载	维持至变形稳定
	17-1	35	25	线性加载至预定荷载	维持至变形稳定
	17-2	35	0	线性卸载至预定荷载	维持至变形稳定
	18-1	35	35	线性加载至预定荷载	维持至变形稳定
	18-2	35	0	线性卸载至预定荷载	维持至变形稳定
	19-1	35	53	线性加载至预定荷载	维持至变形稳定
	19-2	35	0	线性卸载至预定荷载	维持至变形稳定
	20-1	35	70	线性加载至预定荷载	维持至变形稳定
	20-2	35	0	线性卸载至预定荷载	维持至变形稳定
	21-1	35	105	线性加载至预定荷载	维持至变形稳定
	21-2	35	0	线性卸载至预定荷载	维持至变形稳定

试件的预加载阶段，可以消除试件端部与设备之间可能存在的不良接触，保证试验结果的准确性和可靠性。本研究中，预压竖向应力为最小动偏应力水平的1/10，并维持至变形稳定[85]。长期动力加载阶段已经消除塑性变形对动态回弹模量计算的影响，进行短时动力加载可准确计算动态回弹模量。

4.2 动态回弹模量

4.2.1 动态回弹模量影响因素分析

对短时动力加载试验数据进行整理，得到以下原始数据图像（图4-3、图4-4），根据下式：

$$M_R = \frac{\sigma_d}{\varepsilon_R} \tag{4-1}$$

式中：σ_d——轴向应力幅值（MPa）；
ε_R——可恢复轴向应变幅值（mm/mm）；
M_R——路基土或粒料的动态回弹模量（MPa）。
可得到各工况动态回弹模量值。

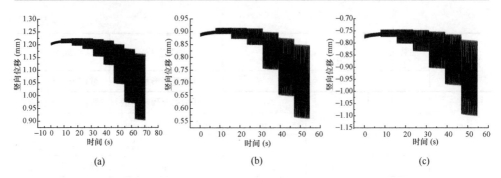

图 4-3　含水率 17%，压实度 94% 下，竖向变形-时间曲线
(a) 围压 14kPa；(b) 围压 20kPa；(c) 围压 35kPa

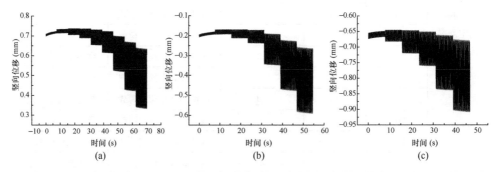

图 4-4　含水率 23%，压实度 94% 下，竖向变形-时间曲线
(a) 围压 14kPa；(b) 围压 20kPa；(c) 围压 35kPa

(1) 应力状态对动态回弹模量影响

大量研究表明动偏应力和围压对压实土动态回弹模量均有显著影响，对路基土而言，在自重应力和车辆荷载作用下，随着深度的增加，其围压逐渐增大而偏应力逐渐减小，因此取动偏应力比 σ_d/σ_3 来分析应力状态对动态回弹模量的影响。

$K=90\%$ 时，各含水率和围压条件下动偏应力比对动态回弹模量的影响规律如图 4-5 所示。由图可知，偏应力越小，围压越大，动态回弹模量越大，且在高含水率条件下，与围压相比，偏应力对动态回弹模量的影响程度更大。在相同围压下，动态回弹模量随偏应力的增大而逐渐减小，并存在一个阈值 σ_d/σ_3，超过该阈值，动态回弹模量开始保持稳定。以 $w=w_{opt}$ 工况为例，当动偏应力比由 0.2 增加到 2.0 时，14kPa、20kPa 和 35kPa 围压下的动态回弹模量分别从 87.7MPa、89.2MPa 和 120.9MPa 下降到 57MPa、58MPa 和 74.2MPa，但随动偏应力比的进一步增大，动态回弹模量基本保持不变。

Dealage 等[86]认为偏应力对动态回弹模量的影响存在一个临界点，偏应力小于该临界点动态回弹模量随偏应力的增大而急剧减小，超过该临界点后，动态回弹模量无明显变化，这意味着对于一定深度的土，在恒定围压下，一旦车辆荷载引起的

第4章 黄泛区高液限黏土动力特性

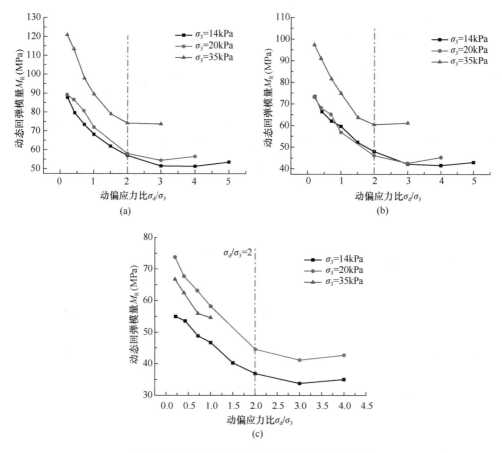

图 4-5 动偏应力比对动态回弹模量的影响规律
(a) $w=w_{opt}$；(b) $w=w_{opt}+3\%$；(c) $w=w_{opt}+6\%$

偏应力超过临界值，动态回弹模量将不再减小。因此，对于浅层路基土，其初始动偏应力比 σ_d/σ_3 相对较高，动态回弹模量可能并不会随着车辆荷载的增加而减小。蒋红光等[87]认为动态回弹模量随着偏应力比（即附加应力与围压比）的增加呈指数式衰减。各个物理状态和围压水平下，动态回弹模量大致均可分为快速衰减区、过渡区和缓慢衰减区，对应的偏应力比范围依次为 0.2~1.0，1.0~2.0 和 2.0 以上，各区间内的动态回弹模量分别衰减了 15.1%~22.1%、6.3%~12.7% 和 1.8%~8.4%，对于浅层路基土，其初始动偏应力比 σ_d/σ_3 相对较高，动态回弹模量随车辆荷载的增加而减少的幅度较低。蔡袁强等[88]基于大型动三轴试验发现，低循环应力比和高频加载下的动态回弹模量更大。林小平等[89]研究了湿度条件对粗、细粒土动态回弹模量的影响，指出湿度的增大会降低土体动态回弹模量，并提出了土体动态回弹模量湿度调整系数。凌建明等[90]对细粒土综合研究了物理状态、应力水平对粉土和黏土动态回弹模量的影响，认为路基土动态回弹模量随含水率的提高而减小，随压实度的提高而增大，但含水率越大，压实度对动态回弹模量的影响越小，且黏土动态回弹模量受应力状况、含水率等因素的影响较粉土更为显著。陈声凯等[91]认为仅在一定围压范围内，动态回弹模量随偏应力提高呈非线性减小。边学成等[92]开展了多种物理状态和应力特征下的粉土动三轴试验，发现土体动应力只有超过某一个临界动应力水平时，动态回弹模量才开始快速下降，并给出了归一化动态回弹模量与应变量的相关关系。

$K=94\%$时，各含水率和动偏应力比条件下围压对动态回弹模量的影响规律如图 4-6 所示。由图可知，围压越高，动态回弹模量越大，且随着动偏应力比的提高，围压对动态回弹模量的影响减弱。如图 4-6（b）和图 4-6（c）所示，当含水率增加至 $w_{opt}+3\%$ 和 $w_{opt}+6\%$ 时，动态回弹模量随围压增长相对缓慢。高含水率条件下，围压对动态回弹模量的影响逐渐减弱，以 0.4 的动偏应力比为例，当围压由 14kPa 增加到 35kPa 时，在 w_{opt}、$w_{opt}+3\%$ 和 $w_{opt}+6\%$ 含水率下，动态回弹模量分别增加 53.7%、27.0% 和 3.1%。由于高饱和度的细粒土通常表现出应力软化，Delage[93]解释了最佳含水率干侧的压实土呈现出以团聚体为主

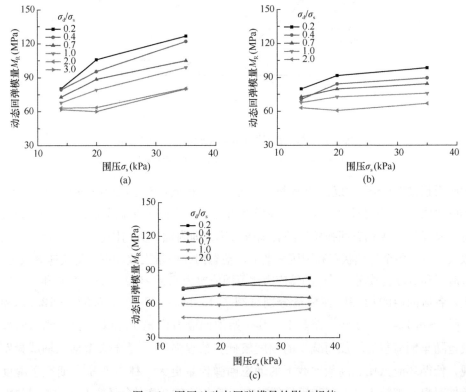

图 4-6 围压对动态回弹模量的影响规律
(a) $w=w_{opt}$；(b) $w=w_{opt}+3\%$；(c) $w=w_{opt}+6\%$

的开孔隙结构，而湿侧土体团聚体较少。因此，应力状态对细粒土动态回弹模量的影响也归因于土的物理状态。

(2) 物理状态对动态回弹模量影响

图 4-7 为不同压实度和动偏应力比条件下动态回弹模量与含水率的关系（围压 $\sigma_3 = 14$ kPa）。随含水率的增加动态回弹模量呈近似线性衰减，压实度 $K = 94\%$、90% 和 88% 时，动态回弹模量的平均降幅分别为 15.7%、34.2% 和 32.5%，说明高压实条件下含水率对动态回弹模量的影响减小。以 $K = 94\%$ 工况为例，随着偏应力比的增大，含水率每增加 1%，动态回弹模量由 5.46 MPa 逐渐减小至 2.96 MPa，这说明动偏应力比越低的土体对含水率变化越敏感。较深处的路基土受较小的动偏应力比和较大的围压，所以在地下水毛细作用下更容易发生强度衰减。综合来看，较深处的路基土其设计压实度较低，同时应力状态更容易导致水敏感性，在含水率逐渐增加至平衡含水率时，强度会有大幅度降低，在设计和评价路基性能时，应充分考虑这种衰减[94]。

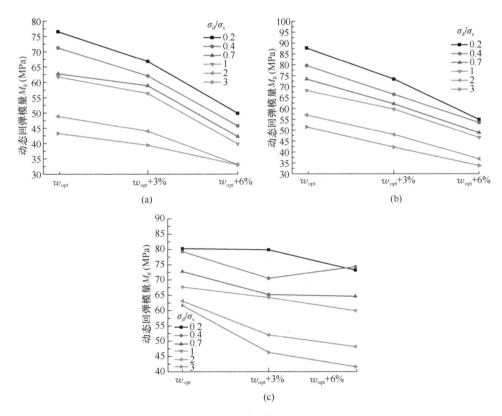

图 4-7 含水率对动态回弹模量的影响规律

(a) $K = 88\%$；(b) $K = 90\%$；(c) $K = 94\%$

压实度与动态回弹模量呈正相关（围压 $\sigma_3 = 14\text{kPa}$），影响规律如图 4-8 所示。以 $w_{opt}+3\%$ 工况为例，当动偏应力比从 0.2 增加到 3.0，压实度每提高 1% 动态回弹模量的增量从 2.17MPa 下降到 1.14MPa，说明在高动偏应力或低围压条件下，压实度对动态回弹模量的影响会减小。土体处于 w_{opt} 时，当压实度从 88% 提高到 90%，动态回弹模量出现大幅度增长，但压实度从 90% 提高到 94% 时，动态回弹模量增长幅度明显降低；随着含水率增加至 $w_{opt}+6\%$，动态回弹模量随压实度快速增长的阶段为 90%~94%。黄泛区高液限黏土由于高进气值，施工时难以晾晒至最佳含水率，为了保证路基土有足够的模量值，应充分碾压至 94% 以上压实度。然而，高含水率下土体接近饱和，将土体压实到如此高的压实度是相当困难的，在这种情况下，可以通过控制填筑高度，将偏应力比控制在一个相对较低的水平来保证路基土工作状态下的模量。

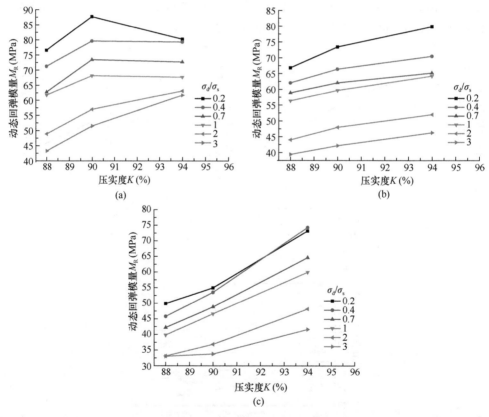

图 4-8　压实度对动态回弹模量的影响规律

(a) w_{opt}；(b) $w_{opt}+3\%$；(c) $w_{opt}+6\%$

图 4-9 为含水率和压实度引起的饱和度变化条件下动态回弹模量与饱和度的关系[95]。在施工阶段，饱和度的提高由压实度的增加引起，动态回弹模量因饱和度

的提高而增大,对应于图中实线;在运营阶段,饱和度的提高由含水率的增加引起,动态回弹模量因饱和度的提高而减小,对应于图中虚线。以动偏应力比 σ_d/σ_3 =0.2 为例,含水率提高 1%,饱和度增加 3.9%;压实度每提高 1%,饱和度增加 2%,说明含水率的提高更易导致饱和度增加。高液限黏土的高进气值导致土体具有很强的持水性,常年的降雨入渗和毛细水作用下,路基土逐渐由施工阶段的低饱和度发展到高饱和度,所以应充分考虑平衡含水率对应的动态回弹模量。

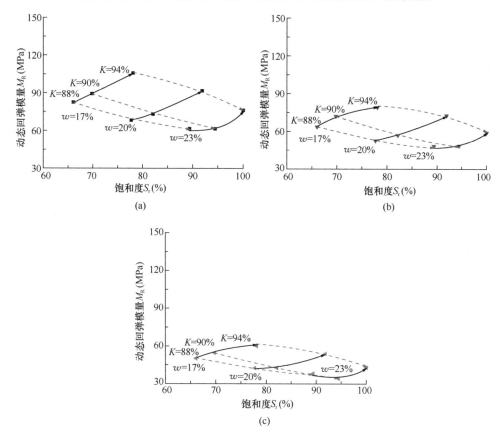

图 4-9 饱和度对动态回弹模量的影响规律
(a) σ_d/σ_3=0.2;(b) σ_d/σ_3=1.0;(c) σ_d/σ_3=3.0

4.2.2 动态回弹模量预估模型

路基土动态回弹模量主要与土体参数(物性指标、压实度和含水率)以及应力状态密切相关,对于路基土动态回弹模量的预估模型[96],剪切类模型和侧限类模型均反映了动态回弹模量与单一应力指标之间的关系,而复合类模型则反映了动态回弹模量与各个指标之间的关系,应用范围较广。由动三轴试验结果分析可知，黄泛区高液限黏土动态回弹模量受围压与动偏应力影响显著，因此需要采用更全面的复合类模型。

在《公路路基设计规范》JTG D30—2015 中，对于细粒土路基，可由路基土的含水率 w、干密度 ρ_d、塑性指数 I_P 和细粒含量 $P_{0.075}$ 等物性指标，对式（4-2）中的系数按式（4-3）～式（4-5）经验预估：

$$M_R = k_1 P_a \left(\frac{\theta}{P_a}\right)^{k_2} \left(\frac{\tau_{oct}}{P_a}+1\right)^{k_3} \quad (4\text{-}2)$$

$$k_1 = -0.0960w + 0.3929\rho_d + 0.0142 I_P + 0.0109 P_{0.075} + 1.0100 \quad (4\text{-}3)$$

$$k_2 = -0.0005w - 0.0069 I_P - 0.0026 P_{0.075} + 0.6984 \quad (4\text{-}4)$$

$$k_3 = -0.2180w - 3.0253\rho_d - 0.0323 I_P + 7.1474 \quad (4\text{-}5)$$

其中，P_a 为大气压强绝对值，取 100kPa；θ 为体应力；τ_{oct} 为八面体剪应力，在本次动三轴试验中，$\theta = 3\sigma_3 + \sigma_d$，$\tau_{oct} = \sqrt{2}\sigma_d/3$。

对于黄泛区高液限黏土，塑性指数 $I_P = 24.3$，细粒含量 $P_{0.075} = 81.9\%$，以含水率 $w = 17\%$、干密度 $\rho_d = 1.65 \text{g/cm}^3$（压实度 $K = 90\%$）为例，根据经验公式得到三参数 $k_1 = 1.264$，$k_2 = 0.309$，$k_3 = -2.335$，根据经验值法计算得到的动态回弹模量与试验对比结果如图 4-10 所示。可见，采用规范建议的三参数计算得到的土体动态回弹模量与试验结果存在很大偏差，误差达到 -8.122% ~ 60.175%。尽管设计规范是基于大量试验得到的经验参数，但是由于土体区域性差异显著，有必要针对特定的土体类型获得相应的经验参数。

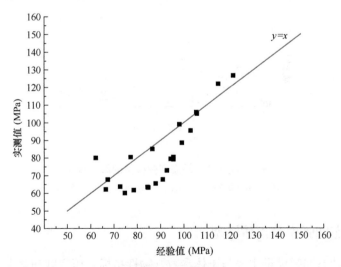

图 4-10　规范经验值与实测值对比

首先考虑了被纳入我国《公路路基设计规范》JTG D30—2015 和美国《力学—经验路面设计指南》MEPDG，如式（4-2）所示以体应力 θ 和八面体剪应力

τ_{oct} 为参数的预估模型,采用非线性回归的方法对式(4-2)中的系数进行拟合,将试验测试结果与所得模型的预估结果进行对比分析,如图 4-11 所示,预估值和实测值相关性偏小,并不能准确预估黄泛区高液限黏土动态回弹模量。

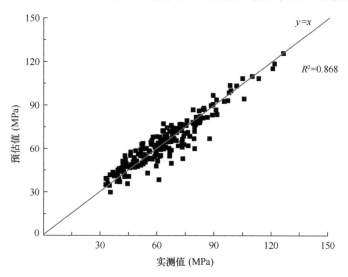

图 4-11　MEPDG 法估值与实测值对比

三轴试验中,MEPDG 预估模型[97]中的体应力 θ 参数与八面体剪应力 τ_{oct} 重复考虑了动偏应力的影响,而 Ni 提出的三参数模型选用了围压和偏应力作为控制变量,提高了模型在低应力级位下的数值稳性。黄泛区路基填筑高度较矮,路基土所处的应力水平较低,为提高在低应力条件下的回弹模量预估精度,本书选用 Ni 模型作为高液限黏土路基回弹模量预估模型,如下所示:

$$M_R = k_1 P_a \left(\frac{\sigma_3}{P_a}\right)^{k_2} \left(\frac{\sigma_d}{P_a}\right)^{k_3} \tag{4-6}$$

在不同物理状态和应力水平下分别进行参数拟合,结果如表 4-4 所示。

Ni 模型拟合参数　　　　　表 4-4

含水率(%)	干密度(g/cm³)	k_1	k_2	k_3
17	1.7202	1.421	0.523	−0.162
17	1.647	1.272	0.529	−0.189
17	1.6104	1.217	0.583	−0.193
20	1.7202	0.971	0.416	−0.188
20	1.647	1.01	0.51	−0.189
20	1.6104	0.838	0.437	−0.181
23	1.7202	0.649	0.274	−0.209
23	1.647	0.63	0.369	−0.183
23	1.6104	0.742	0.468	−0.16

进而，拟合所得系数 k_1、k_2、k_3 可由路基土的含水率 w、干密度 ρ_d、塑性指数 I_P 和细粒含量 $P_{0.075}$ 等物性指标，按式（4-7）～式（4-9）经验预估：

$$k_1 = a_1 w + b_1 \rho_d + c_1 I_P + d_1 P_{0.075} + e_1 \tag{4-7}$$

$$k_2 = a_2 w + c_2 I_P + d_2 P_{0.075} + e_2 \tag{4-8}$$

$$k_3 = a_3 w + b_3 \rho_d + c_3 I_P + e_3 \tag{4-9}$$

式中，a、b、c、d、e 均为系数，由表 4-5 中各物理状态下拟合值回归得到。将所得回归值与实测结果拟合值 k_1、k_2、k_3 进行对比如图 4-12 所示，发现 k_1、k_2 具有良好的相关性，且 k_3 变化范围较小，故 k_3 取拟合平均值 -0.1838。

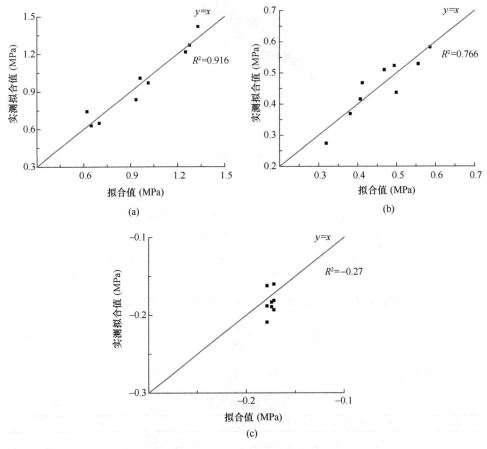

图 4-12 拟合值与实测拟合值对比
(a) k_1 拟合结果；(b) k_2 拟合结果；(c) k_3 拟合结果

各系数回归结果经验预估如式（4-10）～式（4-12）所示：

$$k_1 = -0.105w + 0.719\rho_d + 1.878 I_P + 0.0109 P_{0.075} + 1.01 \tag{4-10}$$

$$k_2 = -0.0291w - 0.842 I_P + 2.437 P_{0.075} + 0.6984 \tag{4-11}$$

$$k_3 = -0.1838 \tag{4-12}$$

图 4-13 为三种预估方法的预估值与实测值对比，可以看出相较于 MEPDG 法与规范经验值法，三参数法有着更高的表征精度，R^2 达到 0.941。故针对黄泛区中高液限黏土，三参数法能更加准确地表达其动态回弹模量。

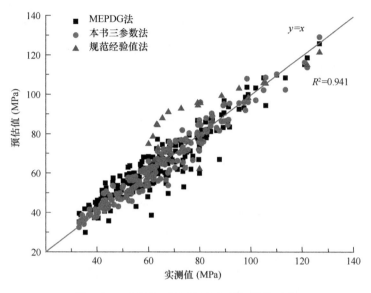

图 4-13 三参数、MEPDG 和现有规范对比

《公路路基设计规范》JTG D30—2015 中要求公路路基回弹模量设计值 E_0 应按下式确定，且 E_0 应大于等于路基回弹模量要求值 $[E_0]$：

$$E_0 = K_s K_\eta M_R \tag{4-13}$$

式中：E_0——平衡湿度状态下路基回弹模量设计值（MPa）；

M_R——标准状态下路基动态回弹模量值（MPa）；

K_s——路基回弹模量湿度调整系数，为平衡湿度（含水率）状态下的回弹模量与标准状态下的回弹模量之比；

K_η——干湿循环或冻融循环条件下路基土模量折减系数，通过试验确定。初步设计时[98]，非冰冻地区可根据土质类型、失水率确定；季节冻土区[99]可根据冻结温度、含水率确定，折减系数可取 0.7～0.95。非冰冻区粉质土、黏质土，失水率大于 30%，取小值，反之取较大值；粗粒土取大值。季节冻土地区粉质土、黏质土冻结温度低于－15℃，冻前含水率高，取小值，反之取较大值；粗粒土取大值。

在进行路基设计时，高速、一级公路交通荷载等级通常选用特重水平进行设计。《公路沥青路面设计规范》JTG D50—2017 对路基顶面回弹模量 $[E_0]$ 给出了明确的设计要求，如表 4-5 所示。

路基顶面回弹模量要求（MPa）　　　　　　表 4-5

交通荷载等级	极重	特重	重	中等、轻
回弹模量不小于	70	60	50	40

由表 4-6 可知，重交通荷载等级下路基顶面平衡湿度状态回弹模量设计值 E_0 为 50MPa，此回弹模量值为路基整体综合回弹模量要求值。对于分层碾压填筑的路基而言，该综合回弹模量可由各分层填筑后其各层层高和相应回弹模量由上向下进行当量计算，如式（4-14）所示。

$$E_x = \frac{\sum_{i=1}^{n} E_i h_i^2}{\sum_{i=1}^{n} h_i^2} \tag{4-14}$$

式中：E_x——路基的当量回弹模量（MPa）；

E_i、h_i——第 i 结构层的回弹模量（MPa）和厚度（m）。

本章动三轴试验设计的工况是基于 0.84m 路面结构＋3m 厚路基结构，其中路床厚度为 0.8m，采用掺 6% 生石灰作改性土，养护 7d 后的动态回弹模量为 136MPa。取 50MPa 作为重交通荷载等级下路基的当量回弹模量临界值，将 2.2m 厚路堤看作整体结构层，反算出上路堤顶面平衡湿度状态下的回弹模量设计值 E_0' 为 48MPa。路堤施工时控制填土压实度不低于 90%、含水率不高于 23%，此时土体已处于高饱和状态，含水率高于最优含水率 6%，可不再考虑湿度折减；由于高液限黏土具有强持水性，填土深度距离路面 1.2m 以上，受干湿和冻融循环的影响很小，在此取 $K_\eta = 0.95$。因此，对于高液限黏土路堤而言，考虑湿度、干湿或冻融循环后的动态回弹模量设计值为 50.5MPa。

由于动态回弹模量具有很强的应力依赖性，图 4-14 给出不同围压下动态回

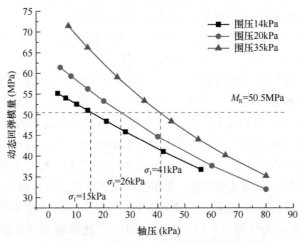

图 4-14　不同围压下的动态回弹模量

弹模量与竖向附加动应力的关系。可见，随着围压增加，即土体所处深度的增加，土体所容许的竖向附加动应力也在逐渐增大，当土体围压分别为14kPa、20kPa和35kPa时，为满足重交通荷载等级下的动态回弹模量设计要求，竖向容许附加动应力依次为15kPa、26kPa和41kPa。

实际上，经过路面结构的荷载分担作用，传递至路基的附加应力水平较低，尤其是路堤区[100]。图4-15是典型沥青路面结构下，标准胎压荷载0.7MPa作用导致的附加应力沿路基深度的分布。可见，经过沥青路面结构的荷载分担，传递至路床顶面的竖向附加应力为30.5kPa；然后，经过上路床区后，下路床和路堤区的竖向附加应力远低于10kPa。结合图4-14所得出的不同围压下的临界竖向附加动应力，下路床和路堤区的实际应力状态均在容许应力范围内，压实度不低于90%、含水率不高于23%的填土动态回弹模量满足规范要求。

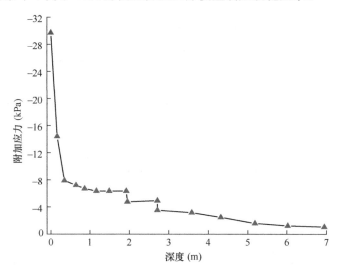

图4-15　附加应力沿路基深度的分布

4.3　累积动变形

对试样分别进行长期动力加载，对获得的数据进行处理，得到在不同工况下的分级加载累积变形曲线[101]，具体加载工况如表4-6～表4-9所示。

（1）工况：含水率17%，压实度94%

在含水率17%，压实度94%工况下，动三轴试验获得的轴向变形与振次的关系如图4-16所示。轴向变形由可恢复的弹性变形和不可恢复的塑性变形组成，其中塑性变形随着振次的增加逐渐累加，但荷载水平较低时，塑性变形发展速率比较缓慢，并最终达到收敛；而当荷载水平较高时，塑性变形发展速率明显增加。

围压 14kPa 时的加载工况　　　　　　　　　　表 4-6

试验类型	加载次序	围压（kPa）	轴压（kPa）	加载次数	加载时间（s）
长期动力加载：确定长期性能演化	0-预压	14	0.3	维持至变形稳定	维持至变形稳定
	1	14	3	5000	500
	2	14	6	5000	500
	3	14	10	5000	500
	4	14	14	5000	500
	5	14	21	5000	500
	6	14	28	5000	500
	7	14	42	5000	500
	8	14	56	5000	500
	9	14	70	5000	500

围压 20kPa 时的加载工况　　　　　　　　　　表 4-7

试验类型	加载次序	围压（kPa）	动偏应力（kPa）	加载次数	加载时间（s）
长期动力加载：确定长期性能演化	0-预压	20	0.4	维持至变形稳定	维持至变形稳定
	1	20	4	5000	500
	2	20	8	5000	500
	3	20	14	5000	500
	4	20	20	5000	500
	5	20	40	5000	500
	6	20	60	5000	500
	7	20	80	5000	500

围压 35kPa 时的加载工况　　　　　　　　　　表 4-8

试验类型	加载次序	围压（kPa）	动偏应力（kPa）	加载次数	加载时间（s）
长期动力加载：确定长期性能演化	0-预压	35	0.7	维持至变形稳定	维持至变形稳定
	1	35	7	5000	500
	2	35	14	5000	500
	3	35	25	5000	500
	4	35	35	5000	500
	5	35	53	5000	500
	6	35	70	5000	500
	7	35	105	5000	500

围压 50kPa 时的加载工况 表 4-9

试验类型	加载次序	围压（kPa）	轴压（kPa）	加载次数	加载时间（s）
长期动力加载：确定长期性能演化	0-预压	50	0.5	维持至变形稳定	维持至变形稳定
	1	50	5	5000	500
	2	50	10	5000	500
	3	50	20	5000	500
	4	50	35	5000	500
	5	50	50	5000	500
	6	50	75	5000	500
	7	50	100	5000	500

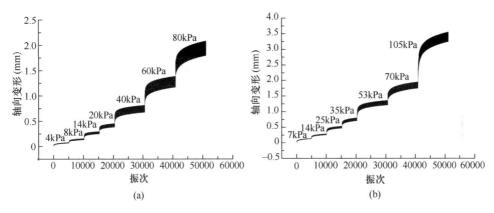

图 4-16 轴向变形-振次曲线
(a) 围压 20kPa；(b) 围压 35kPa

取轴向变形曲线中的波谷点绘制塑性变形（永久变形）与振次的关系曲线，如图 4-17 所示。当围压为 20kPa 时，塑性变形的发展分为 3 个阶段：①轴向荷载由 4kPa 增大至 20kPa 时，塑性变形增长缓慢，经过 20000 次动力加载，塑性变形仅为 0.296mm（塑性应变量 0.15％），而且塑性变形在有限振次内达到收敛，不再增加；②轴向荷载由 20kPa 增大至 60kPa 时，塑性变形增长加快，经过 20000 次动力加载，塑性变形增量为 0.580mm（塑性应变增量 0.29％），而且塑性变形需要更多振次才能达到收敛；③轴向荷载由 60kPa 增大至 80kPa 时，塑性变形出现急剧增长，经过 10000 次动力加载，塑性变形增量为 0.409mm（塑性应变增量 0.20％），且塑性变形不再收敛，土体已开始屈服。

当围压为35kPa时,塑性变形的发展也可分为3个阶段:①轴向荷载由7kPa增大至35kPa时,塑性变形增长缓慢,经过20000次动力加载,塑性变形仅为0.589mm(塑性应变量0.29%),而且塑性变形在有限振次内达到收敛,不再增加;②轴向荷载由35kPa增大至70kPa时,塑性变形增长加快,经过20000次动力加载,塑性变形增量为0.797mm(塑性应变增量0.40%),而且塑性变形需要更多的振次才能达到收敛;③轴向荷载由70kPa增大至105kPa时,塑性变形出现急剧增长,经过10000次左右的动力加载时,塑性变形增量已为1.3mm(塑性应变增量0.65%)。

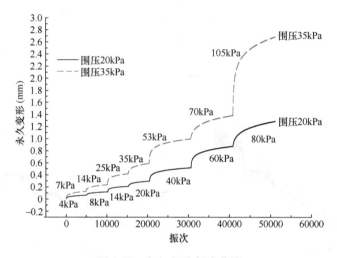

图4-17　永久变形-振次曲线

为比较不同围压和轴压下的永久变形规律,定义动应力比为轴压与2倍围压之比,取振次$N=5000$时的塑性应变得到其与动应力比的关系曲线,如图4-18所示。由图可见,塑性应变量随着动应力比的增加呈指数式的规律发展。对于压实的高液限黏土,围压越高,相同动应力比下的塑性应变越大;而且随着动应力比的增加,$N=5000$次时的塑性应变发展也越快。这是由于压实的土样未经历对应围压下的固结过程,所产生的塑性变形中部分是来自动载作用,另外一部分来自各向等压荷载下的固结压缩变形,围压越高,该固结压缩变形越大。

(2)工况:含水率23%,压实度94%

在含水率23%,压实度94%工况下,动三轴试验获得的轴向变形与振次的关系如图4-19所示。取轴向变形曲线中的波谷点绘制塑性变形(永久变形)与振次的关系曲线,如图4-20所示。当围压为14kPa时,塑性变形的发展近似可分为3个阶段:①轴向荷载由3kPa增大至28kPa时,塑性变形增长缓慢,经

第4章 黄泛区高液限黏土动力特性

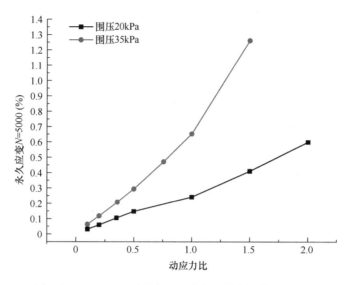

图 4-18 $N=5000$ 时的永久应变与动应力比的关系曲线

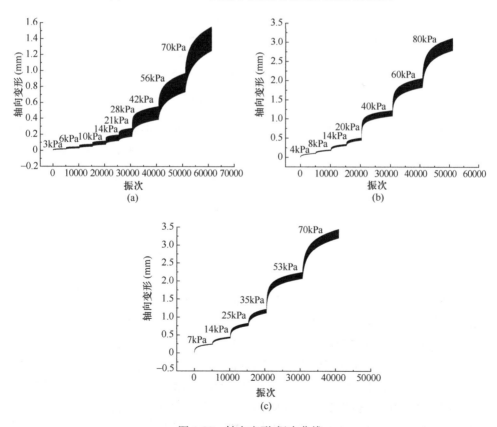

图 4-19 轴向变形-振次曲线
(a) 围压 14kPa；(b) 围压 20kPa；(c) 围压 35kPa

过30000次动力加载,塑性变形仅为0.174mm（塑性应变量0.09%），而且塑性变形在有限振次内达到收敛,不再增加；②轴向荷载由28kPa增大至56kPa时,塑性变形增长加快,经过20000次动力加载,塑性变形增量为0.570mm（塑性应变增量0.29%），而且塑性变形需要较多的振次才能达到收敛；③轴向荷载由56kPa增大至70kPa时,塑性变形出现急剧增长,经过10000次动力加载,塑性变形增量为0.502mm（塑性应变增量0.25%）。

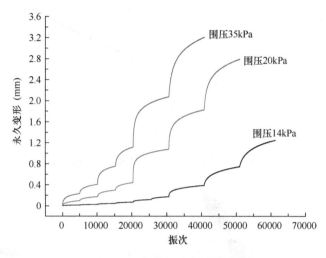

图4-20 永久变形-振次曲线

当围压为20kPa时,塑性变形的发展近似可分为3个阶段：①轴向荷载由4kPa增大至20kPa时,塑性变形增长缓慢,经过20000次动力加载,塑性变形仅为0.443mm（塑性应变量0.22%），而且塑性变形在有限振次内达到收敛,不再增加；②轴向荷载由20kPa增大至60kPa时,塑性变形增长加快,经过20000次动力加载,塑性变形增量为1.382mm（塑性应变增量0.69%），而且塑性变形需要更多振次才能达到收敛；③轴向荷载由60kPa增大至80kPa时,塑性变形出现急剧增长,经过10000次动力加载,塑性变形增量为0.970mm（塑性应变增量0.48%）。

当围压为35kPa时,塑性变形的发展同样可分为3个阶段：①轴向荷载由7kPa增大至14kPa时,塑性变形增长缓慢,经过10000次动力加载,塑性变形仅为0.409mm（塑性应变量0.20%），而且塑性变形在有限振次内达到收敛,不再增加；②轴向荷载由14kPa增大至53kPa时,塑性变形增长加快,经过20000次动力加载,塑性变形增量为1.665mm（塑性应变增量0.83%），而且塑性变形需要更多振次才能达到收敛；③轴向荷载由53kPa增大至70kPa时,塑性变形出现急剧增长,经过10000次动力加载,塑性变形增量为1.137mm（塑性应变增量0.57%)。

取振次 $N=5000$ 时的塑性应变得到其与动应力比的关系曲线,如图4-21所示。由图可见,塑性应变量随着动应力比的增加呈指数式的规律发展。相同动应力比下,塑性应变随围压增加而增大。因此,在路堤填筑完成后,需要一定时间的堆载预压,不仅是为了地基产生固结压缩,同样也是使填筑路堤本身产生压缩变形。否则,高围压下的动力荷载更容易导致高液限黏土产生塑性变形。

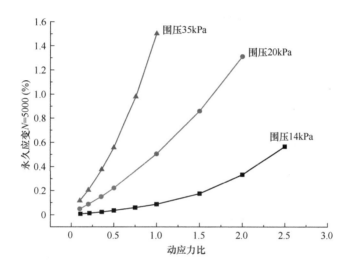

图4-21 $N=5000$ 次时的永久应变与动应力比的关系曲线

(3) 工况:含水率23%,压实度90%

在含水率23%,压实度90%工况下,动三轴试验获得的轴向变形与振次的关系如图4-22所示。取轴向变形曲线中的波谷点绘制塑性变形(永久变形)与振次的关系曲线,如图4-23所示。当围压为14kPa时,塑性变形的发展近似可分为3个阶段:①轴向荷载由3kPa增大至28kPa时,塑性变形增长缓慢,经过30000次动力加载,塑性变形仅为0.408mm(塑性应变量0.20%),而且塑性变形在有限振次内达到收敛,不再增加;②轴向荷载由28kPa增大至42kPa时,塑性变形增长加快,经过10000次动力加载,塑性变形增量为0.602mm(塑性应变增量0.30%),而且塑性变形需要更多振次才能达到收敛;③轴向荷载由42kPa增大至56kPa时,塑性变形急剧增长,经过10000次动力加载,塑性变形增量为1.800mm(塑性应变增量0.90%)。

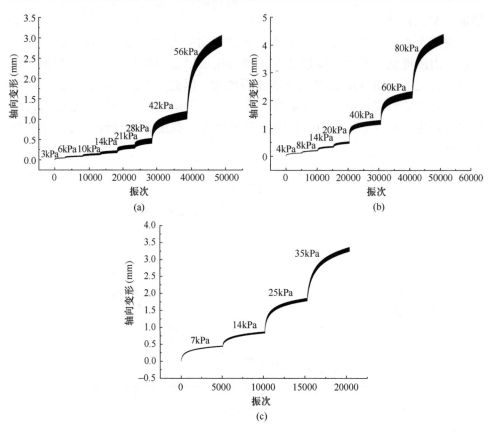

图 4-22 轴向变形-振次曲线

(a) 围压 14kPa；(b) 围压 20kPa；(c) 围压 35kPa

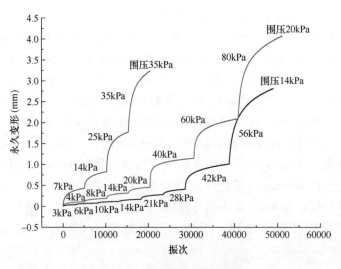

图 4-23 永久变形-振次曲线

当围压为 20kPa 时，塑性变形的发展也可分为 3 个阶段：①轴向荷载由 4kPa 增大至 20kPa 时，塑性变形增长缓慢，经过 20000 次动力加载，塑性变形仅为 0.459mm（塑性应变量 0.23％），而且塑性变形在有限振次内达到收敛，不再增加；②轴向荷载由 20kPa 增大至 60kPa 时，塑性变形增长加快，经过 20000 次动力加载，塑性变形增量为 1.634mm（塑性应变增量 0.82％），而且塑性变形需要较多振次才能达到收敛；③轴向荷载由 60kPa 增大至 80kPa 时，塑性变形出现急剧增长，经过 10000 次动力加载，塑性变形增量为 1.977mm（塑性应变增量 0.99％）。

当围压为 35kPa 时，塑性变形的发展同样也可分为 3 个阶段：①轴向荷载由 7kPa 增大至 14kPa 时，塑性变形增长缓慢，经过 10000 次动力加载，塑性变形仅为 0.828mm（塑性应变量 0.41％），而且塑性变形在有限振次内达到收敛，不再增加；②轴向荷载由 14kPa 增大至 25kPa 时，塑性变形增长加快，经过 5000 次动力加载，塑性变形增量为 0.946mm（塑性应变增量 0.47％），而且塑性变形需要更多振次才能达到收敛；③轴向荷载由 25kPa 增大至 35kPa 时，塑性变形出现急剧增长，经过 5000 次动力加载，塑性变形增量为 1.466mm（塑性应变增量 0.73％）。

定义轴压与 2 倍围压的比值为动应力比，取振次 $N=5000$ 次时的塑性应变得到其与动应力比的关系曲线，如图 4-24 所示。可见，塑性应变量随着动应力比的增加呈指数式的规律发展，且围压越大塑性应变越大。

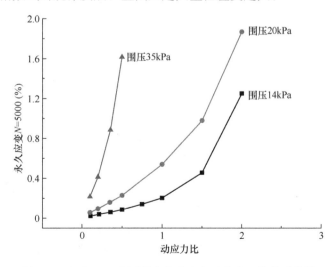

图 4-24　$N=5000$ 次时的永久应变与动应力比的关系曲线

4.4 路基动稳定性

(1) 工况：含水率17%，压实度94%

根据回弹变形计算得到的动态回弹模量随振次的变化规律如图 4-25 所示（以围压 35kPa 为例）。总体而言，随着动应力比的增加，黄泛区高液限黏土的动态回弹模量随之减小，但围压在 20kPa 时均保持在 50MPa 以上，围压为 35kPa 时保持在 65MPa 以上；随着围压的增加，动态回弹模量随之增大。当围压为 20kPa 时，土体动态回弹模量随着振次的增长基本保持稳定，未出现明显增大或减小的迹象；当围压为 35kPa 时，动态回弹模量随着振次的增长出现略微增大的趋势，表明土体得到了进一步加密。

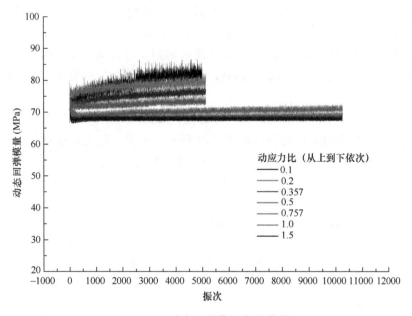

图 4-25 动态回弹模量-振次曲线

为研究应变发展规律，选取动应力比为 0.50 下的永久应变与对应的应力，作应力-应变关系曲线。选取振次为 1 次、10 次、50 次、100 次、200 次、500 次、1000 次、2000 次和 5000 次下的应力-应变曲线，即典型振次下的滞回曲线。随着循环振次的增加，应力-应变滞回圈逐渐向应变增大的方向移动，从图 4-26 (a) 中可以看出，在围压为 20kPa 时，试样在最初的 2000 次循环产生了 0.033%的累积应变，而在 2000~5000 次的循环内仅产生了 0.009%的累积应变；在图 4-26 (c) 中，围压为 35kPa 时，在最初的 2000 次循环产生了 0.062%的累计应变，在 2000~5000 次循环内产生了 0.021%的累积应变。这都显示了累积应变速率随循环振次的增加而逐渐减小。

为分析试样应力-应变曲线随循环振次的变化，将每一振次下的累积变形忽略，使应力-应变滞回圈统一从原点出发，如图 4-26（b）、图 4-26（d）所示，可以看出随着振次的增加，滞回圈在一定范围内并未向横轴或纵轴倾斜，说明在相同动应力下，回弹变形值基本保持不变，也同时说明了动态回弹模量随振次的增长基本维持稳定，土体强度较高并没有发生软化现象[102]。

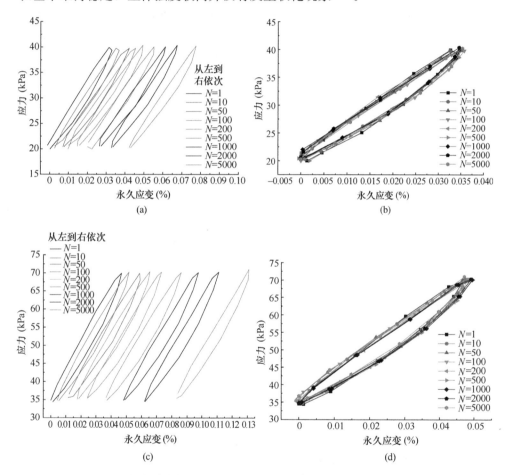

图 4-26　长期动力加载下的应力-应变曲线（典型振次下的滞回曲线）
(a) 围压 20kPa；(b) 围压 20kPa；(c) 围压 35kPa；(d) 围压 35kPa

Werkmeister[103]据永久变形随振次的发展规律，将土体动力稳定性分为 3 个区域：塑性安定区、塑性蠕变区和增量破坏区。当施加的动应力水平较低时，土体永久变形以较低的速率增长，并随着振次的增加逐渐稳定，表现为永久变形速率收敛和变形不再增长，此时称之为塑性安定状态。当施加的动应力水平进一步增加，土体的永久变形随振次一直增长，永久变形速率保持稳定或逐渐减小，但永久变形一直发展至超过容许值,此阶段称之为塑性蠕变状态。而当动应力水平较高时,永久变形速率不再收敛,呈增量发展的趋势,土体将因永久变形发展过快和过大而很快破坏,称之为增量破坏状态。

为进一步定量区别这3个阶段,Werkmeister[103]提出采用永久应变速率指标,即每一次加载循环后永久应变的增量,并将1×10^{-5}和8×10^{-5}作为塑性安定区、塑性蠕变区和增量破坏区的临界值。图4-27给出了含水率17%、压实度94%下永久应变速率与永久应变的关系。总体而言,在各应力水平下,永久变形

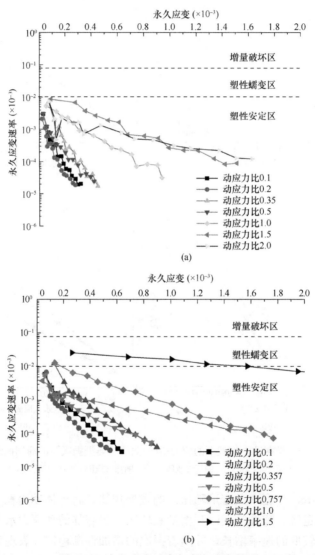

图 4-27　永久应变速率与永久应变关系
(a) 围压 20kPa；(b) 围压 35kPa

速率随着加载次数的增加和应变量的增长逐渐减小。当围压为 20kPa 时，土体在动应力比 0.1~2.0 范围下均处于塑性安定区。而且，永久应变速率与应变量存在显著的动应力分区。当动应力比为 0.1~0.5 时，土体永久应变速率和应变量明显低于其他动应力水平；当动应力比为 1.5~2.0 时，永久应变速率和应变量处于快速增长阶段，但仍处于塑性安定区；动应力比为 1.0 是上述两个阶段的分界区域。当围压为 35kPa 时，动应力比不高于 1.0，土体均处于塑性安定区；而当动应力比增加至 1.5 时，土体进入塑性蠕变区，但随着振次的增加，永久应变速率逐渐减小，并在加载末期进入塑性安定区。

（2）工况：含水率 23%，压实度 94%

根据回弹变形计算得到的动态回弹模量随振次的变化规律如图 4-28 所示（以围压 20kPa 和 35kPa 为例）。总体而言，随着动应力比的增加，高液限黏土的动态回弹模量随之减小，但围压在 14kPa 时均保持在 45MPa 以上，围压在 20kPa 时均保持在 48MPa 以上，围压为 35kPa 时保持在 55MPa 以上；随着围压的增加，动态回弹模量随之增大。当围压为 14kPa 时，土体动态回弹模量随着振次的增长基本保持稳定，在动应力为 3kPa 时有先上升后稳定的现象，因是土体前期未压实导致，其他动应力状态下的动态回弹模量未出现明显增大或减小的迹象；当围压为 20kPa 时，除动应力为 4kPa 时，土体因前期未压实导致的回弹模量先增大后稳定的情况，其他应力状态下的动态回弹模量随振次的增长基本保持稳定；当围压为 35kPa 时，动态回弹模量随着振次的增长出现略微增大的趋势，表明土体得到了进一步加密。

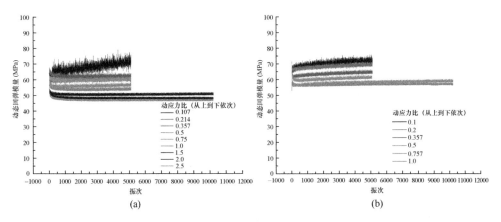

图 4-28 动态回弹模量-振次曲线
(a) 围压 20kPa；(b) 围压 35kPa

选取振次为 1 次、10 次、50 次、100 次、200 次、500 次、1000 次、2000 次和 5000 次下的应力-应变曲线，即典型振次下的滞回曲线，如图 4-29 所示。

随着循环振次的增加，应力-应变滞回圈逐渐向应变增大的方向移动，从图 4-29 (a) 中可以看出，在围压为 14kPa 时，试样在最初的 2000 次循环产生了 0.009% 的累积应变，而在 2000～5000 次的循环内仅产生了 0.003% 的累积应变；在图 4-29 (c) 中，围压为 20kPa 时，在最初的 2000 次循环产生了 0.052% 的累计应变，在 2000～5000 次循环内产生了 0.018% 的累积应变；在图 4-29 (e) 中，围压为 35kPa 时，在最初的 2000 次循环产生了 0.139% 的累计应变，在 20000～5000 次循环内产生了 0.044% 的累积应变。这都充分显示了累积应变速率随循环振次的增加而逐渐减小。

为分析试样应力-应变曲线随循环振次的变化，将每一振次下的累积变形忽略，使应力-应变滞回圈统一从原点出发，如图 4-29 (b)、图 4-29 (d)、图 4-29 (f) 所示，可以看出随着振次的增加，滞回圈在一定范围内并未向横轴或纵轴倾斜，说明在相同动应力下，回弹变形值基本保持不变，也同时说明了动态回弹模量，随振次的增长基本维持稳定，土体强度较高并没有发生软化的现象。

图 4-30 给出了含水率 23%、压实度 94% 下永久应变速率与永久应变的关系。当围压为 14kPa 时，土体在动应力比 0.1～2.0 范围下均处于塑性安定区，而且，永久应变速率与应变量存在显著的动应力分区，当动应力比为 0.1～1.0 时，土体永久应变速率和应变量明显低于其他动应力水平；当动应力比为 2.0～2.5 时，永久应变速率和应变量处于快速增长阶段，但仍处于塑性安定区；动应力比为 1.5 是上述两个阶段的分界区域。当围压为 20kPa 时，动应力比不高于 0.5，土体均处于塑性安定区；而当动应力比增加至 1.0 时，土体进入塑性蠕变区，但随着振次的增加，永久应变速率逐渐减小，并在加载末期进入塑性安定区。永久应变速率与应变量同样存在显著的动应力分区，当动应力比不超过 0.5 土体永久应变速率和应变量明显低于其他动应力水平；当动应力比大于 1.0 时，永久应变速率和应变量处于快速增长阶段。当围压为 35kPa 时，土体在更低应力水平下进入塑性蠕变区，动应力比仅在不高于 0.2 下处于塑性安定区；而当动应力比增加至 0.375 时，土体进入塑性蠕变区，但随着振次的增加，永久应变速率逐渐减小，并在加载末期进入塑性安定区。永久应变速率与应变量同样存在显著的动应力分区，当动应力比不超过 0.5 时，土体永久应变速率和应变量明显低于其他动应力水平；当动应力比大于 0.757 时，永久应变速率和应变量处于快速增长阶段。

(3) 工况：含水率 23%，压实度 90%

根据回弹变形计算得到的动态回弹模量随振次的变化规律如图 4-31 所示（以围压 35kPa 为例）。总体而言，随着动应力比的增加，高液限黏土的动态回弹模量随之减小，但围压在 14kPa 时均保持在 40MPa 以上，围压为 20kPa 时保持在 45MPa 以上，围压为 35kPa 时保持在 50MPa 以上；随着围压的增加，动态

第4章 黄泛区高液限黏土动力特性

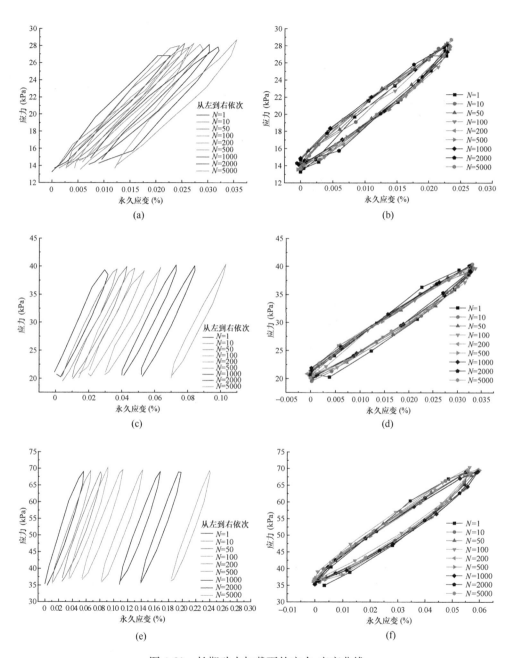

图 4-29　长期动力加载下的应力-应变曲线
(a) 围压 14kPa；(b) 围压 14kPa；(c) 围压 20kPa；
(d) 围压 20kPa；(e) 围压 35kPa；(f) 围压 35kPa

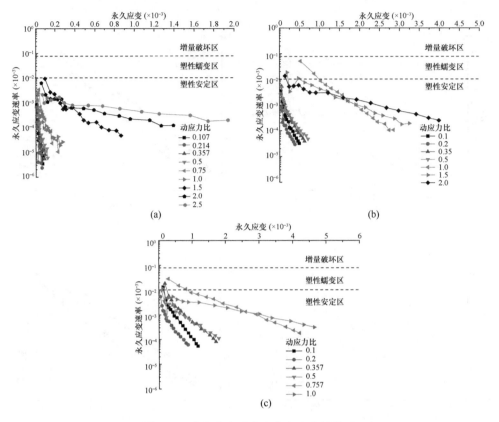

图 4-30 永久应变速率和永久应变的关系
(a) 围压 14kPa；(b) 围压 20kPa；(c) 围压 35kPa

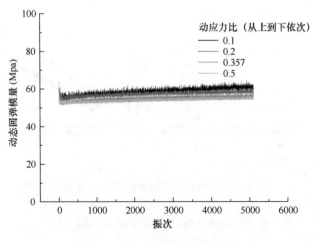

图 4-31 动态回弹模量-振次曲线

回弹模量随之增大。当围压为14kPa时，土体动态回弹模量随着振次的增长基本保持稳定，未出现明显增大或减小的迹象；当围压为20kPa时，土体动态回弹模量基本保持稳定，但在轴压为4kPa时，动态回弹模量呈现出随振次的增长而增大，最后稳定的状态，原因应该是土体前期未压实，以致开始加载时的回弹变形较大；当围压为35kPa时，动态回弹模量随着振次的增长出现略微增大的趋势，表明土体得到了进一步加密。

选取振次为1次、10次、50次、100次、200次、500次、1000次、2000次和5000次下的应力-应变曲线，即典型振次下的滞回曲线，如图4-32所示。随着循环振次的增加，应力-应变滞回圈逐渐向应变增大的方向移动，从图4-32（a）中可以看出，在围压为14kPa时，试样在最初的2000次循环产生了0.013%的累积应变，而在2000~5000次的循环内仅产生了0.004%的累积应变；在图4-32（c）中，围压为20kPa时，在最初的2000次循环产生了0.053%的累计应变，在2000~5000次循环内产生了0.017%的累积应变；在图4-32（e）中，围压为35kPa时，在最初的2000次循环产生了0.564%的累计应变，在2000~5000次循环内产生了0.168%的累积应变。这都充分显示了累积应变速率随循环振次的增加而逐渐减小。

为分析试样应力-应变曲线随循环振次的变化，将每一振次下的累积变形忽略，使应力-应变滞回圈统一从原点出发，如图4-32（b）、图4-32（d）、图4-32（f）所示，可以看出随着振次的增加，滞回圈在一定范围内并未向横轴或纵轴倾斜，说明在相同动应力下，回弹变形值基本保持不变，也同时说明了动态回弹模量随振次的增长基本维持稳定，土体强度较高并没有发生软化现象。

图4-33给出了含水率23%、压实度90%下永久应变速率与永久应变的关系。当围压为14kPa时，土体加载初期在动应力比0.1~1.0范围下处于塑性安定区，而当动应力比增加至1.5时，土体进入塑性蠕变区，但随着振次的增加，永久应变速率逐渐减小，并在加载末期进入塑性安定区。永久应变速率与应变量存在显著的动应力分区，当动应力比不超过1.0，土体永久应变速率和应变量明显低于其他动应力水平；当动应力比大于1.5时，永久应变速率和应变量处于快速增长阶段。当围压为20kPa时，动应力比不高于0.5，土体处于塑性安定区；而当动应力比增加至1.0时，土体进入塑性蠕变区，但随着振次的增加，永久应变速率逐渐减小，并在加载末期进入塑性安定区。永久应变速率与应变量同样存在显著的动应力分区，当动应力比不超过0.5，土体永久应变速率和应变量明显低于其他动应力水平；当动应力大于1.0时，永久应变速率和应变量处于快速增长阶段。当围压为35kPa时，土体加载初期均处于塑性蠕变区，但随着振次的增加，永久应变速率逐渐减小，并在加载末期进入塑性安定区。

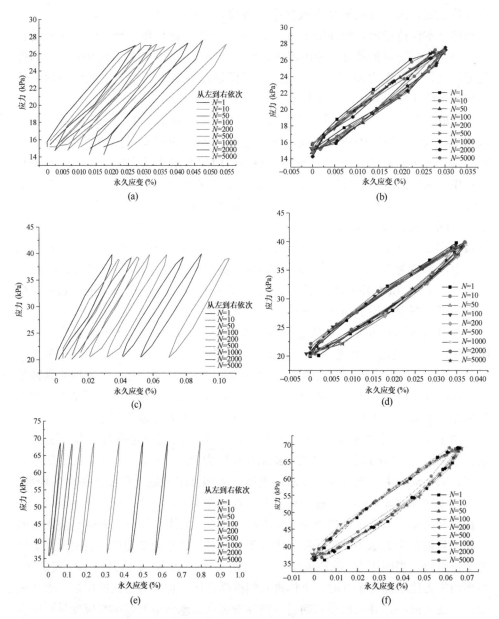

图4-32 长期动力加载下的应力-应变曲线（典型振次下的滞回曲线）
(a) 围压14kPa；(b) 围压14kPa；(c) 围压20kPa；
(d) 围压20kPa；(e) 围压35kPa；(f) 围压35kPa

第4章 黄泛区高液限黏土动力特性

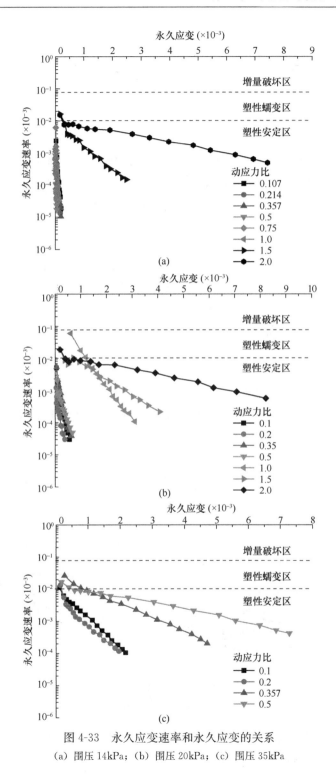

图 4-33 永久应变速率和永久应变的关系
(a) 围压 14kPa；(b) 围压 20kPa；(c) 围压 35kPa

第 5 章 黄泛区高液限黏土改性技术

黄泛区高液限黏土具有天然含水率高、易吸水、保水性强、塑性指数高等特点[104]。对于含水率过高而难以压实的黄泛区高液限黏土，常采用改性处理的方法对填料的施工和易性、稳定性及力学性质进行改善[105]。目前工程界中常用的改性方法[106-108]有物理改良如掺砂砾，化学改性如掺石灰、水泥、粉煤灰等，但由于黏土物理力学特性的多样性和复杂性，使得不同地区、不同种类高液限黏土的改性技术差异较大，且针对山东省黄泛区内的高液限黏土并无相应的改性技术规范。本章对黄泛区高液限黏土的各种改性方案进行了试验研究，提出了适用于黄泛区高液限黏土合理、经济的改性方案。

5.1 石灰改性研究

本试验对 3 个典型取土场所取黄泛区高液限黏土，分别进行了生石灰外掺量为 2%、3%、4%的石灰改性研究。

土料掺加生石灰拌和，在闷料的过程中，随生石灰与水的化学反应，土样的含水率逐渐降低。闷料 3d 以后，土的砂化较为明显，拌和时土的黏性明显降低如图 5-1 所示。

(a) (b)

图 5-1 石灰改性土
(a) 掺加石灰拌和；(b) 闷料 3d 后

图 5-2 中曲线图为 3 组黄泛区高液限黏土石灰外掺量为 2%、3%、4%时，其界限含水率随天数的变化情况。

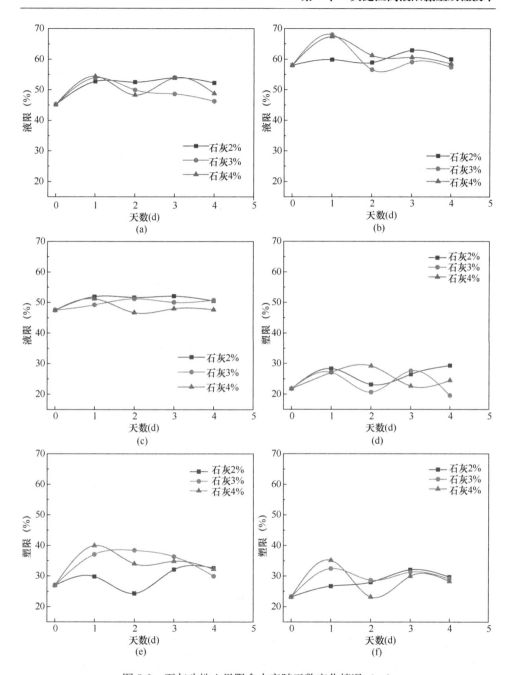

图 5-2 石灰改性土界限含水率随天数变化情况(一)

(a) 1号土液限随天数变化曲线;(b) 2号土液限随天数变化曲线;
(c) 3号土液限随天数变化曲线;(d) 1号土塑限随天数变化曲线;
(e) 2号土塑限随天数变化曲线;(f) 3号土塑限随天数变化曲线;

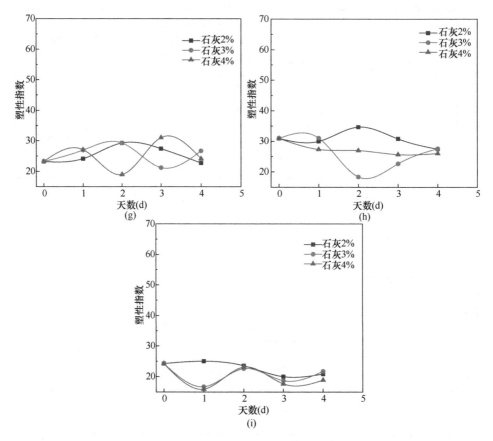

图 5-2 石灰改性土界限含水率随天数变化情况（二）
（g）1号土塑性指数随天数变化曲线；(h) 2号土塑性指数随天数变化曲线；
(i) 3号土塑性指数随天数变化曲线

从图 5-2 中可以看出，黄泛区高液限黏土经过石灰改性后，其液限略微增大，塑限增大较明显，塑性指数降低。其各项指标随天数变化规律大致相同，在初始阶段变化幅度较大，之后逐渐趋于稳定。

石灰对黄泛区高液限黏土的改性效果较为明显，表现为塑限增大，塑性指数降低，土的黏性降低。掺加生石灰对土进行改性，主要是发生化学反应，使土的塑性降低，形成稳定的结晶结构[109]。化学反应包括离子交换反应、$Ca(OH)_2$ 结晶反应、凝胶反应以及碳酸化反应。加入生石灰以后，生石灰首先吸水并与水作用生成熟石灰，使土的含水率降低。初期主要发生离子交换作用，土颗粒表面的一价阳离子 Na^+、H^+、K^+，与溶液中电离出的 Ca^{2+} 之间发生离子交换，土颗粒表面的结合水膜减薄，促使土粒凝集和凝聚形成强度较高的团粒结构，土的塑性指数下降，黏性降低易稳定成型。在离子交换的后期，黏土中矿物

成分 SiO_2 和 Al_2O_3 的活性被电离出来的 Ca^{2+} 激发，与 $Ca(OH)_2$ 发生水化反应，生成C-S-H、C-A-H 凝胶。这两种物质具有水硬性，与水反应形成一层具有强粘结力的保护膜，将土团粒包裹，是石灰土获得强度和水稳定性的重要因素。从而使得强度和稳定性提高。在石灰改性土中，少量的熟石灰会在溶液中电离出钙离子，发生离子交换反应，大部分与水反应形成结晶结构。石灰土的碳酸化反应是 $Ca(OH)_2$ 和 $Mg(OH)_2$ 与空气中的 CO_2 反应，生成坚硬的结晶体，这是一个长期的过程，形成石灰改性土的后期强度。

石灰改性高液限黏土的意义，一方面是提高改性土的强度，满足路基的路用性能要求；另一方面体现在石灰改性的砂化作用，降低该类土的塑性指数和黏性，在施工中更易压实[110-111]。

综上所述，黄泛区高液限黏土石灰改性可采用 4% 的生石灰外掺量，在掺灰拌和后需闷料 3d 再填筑路基。

5.2 粉煤灰改性研究

本试验对 3 个典型取土场所取黄泛区高液限黏土，分别进行了外掺量为 10%、15%、20%、25% 的粉煤灰改性研究。

图 5-3 中曲线为 3 组黄泛区高液限黏土粉煤灰外掺量分别为 10%、15%、20%、25% 时，其界限含水率随天数的变化情况。

从图 5-3 中可以看出，黄泛区高液限黏土经过粉煤灰改性后，不同掺量对其液限、塑限影响均较小，随天数变化液塑限的变化幅度在 5% 以内，仅个别试验出现较大变化。粉煤灰对该类土的改性效果较差。

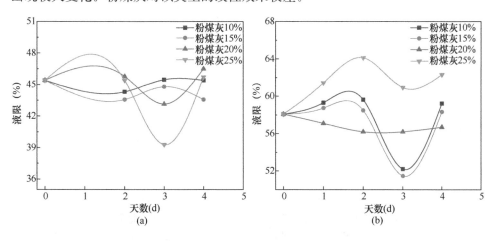

图 5-3 粉煤灰改性土界限含水率随天数变化情况（一）
(a) 1号土液限随天数变化曲线；(b) 2号土液限随天数变化曲线；

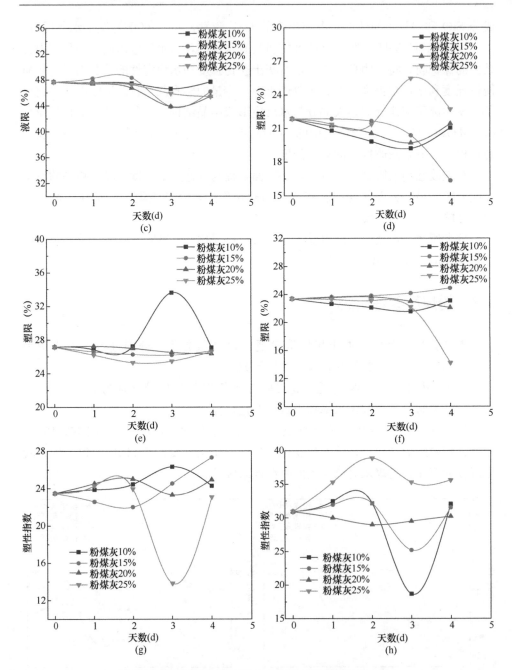

图 5-3　粉煤灰改性土界限含水率随天数变化情况（二）

(c) 3号土液限随天数变化曲线；(d) 1号土塑限随天数变化曲线；
(e) 2号土塑限随天数变化曲线；(f) 3号土塑限随天数变化曲线；
(g) 1号土塑性指数随天数变化曲线；(h) 2号土塑性指数随天数变化曲线；

第5章　黄泛区高液限黏土改性技术

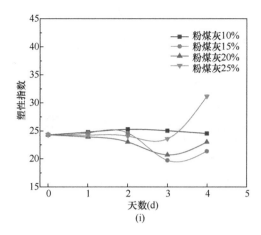

图 5-3　粉煤灰改性土界限含水率随天数变化情况（三）

(i) 3号土塑性指数随天数变化曲线

5.3　石灰与粉煤灰改性研究

本试验对黄泛区高液限黏土分别不同剂量的石灰与粉煤灰改性[112]，其掺加剂量根据不同的石灰掺加剂量、不同石灰与粉煤灰的比例来确定，如表5-1所示。

石灰粉煤灰改性土配比　　表 5-1

配比	石灰外掺量（%）	石灰：粉煤灰	土：石灰：粉煤灰	二灰外掺量（%）
1	1	1：1.5	1：1.5：97.5	2.5
2	1	1：2	1：2：97	3
3	1	1：3	1：3：96	4
4	2	1：1.5	2：3：95	5
5	2	1：2	2：4：94	6
6	2	1：3	2：6：92	8
7	3	1：1.5	3：4.5：92.5	7.5
8	3	1：2	3：6：9	9
9	3	1：3	3：9：88	12

图5-4为掺加石灰与粉煤灰闷料之后的土和加水拌和之后的改性土。
不同的二灰掺加剂量，改性土的砂化现象有较大差异。石灰掺量越高，土的硬度越大。相比石灰改性土，粉煤灰的掺加提高了土的和易性[113]，易于拌和。

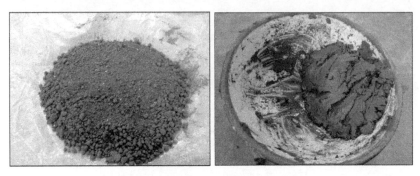

图 5-4 二灰改性土

不同的石灰掺加剂量、不同石灰与粉煤灰比例的改性土液塑限变化如图 5-5 所示。由图 5-5 中可以看出，掺加石灰与粉煤灰对该类土的改性效果较为明显，该

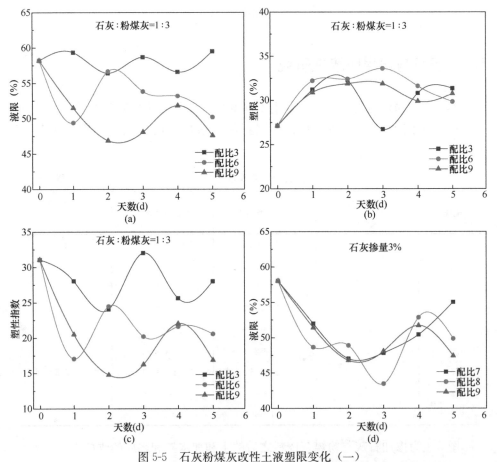

图 5-5 石灰粉煤灰改性土液塑限变化（一）
(a) 液限随天数变化曲线；(b) 塑限随天数变化曲线；
(c) 塑性指数随天数变化曲线；(d) 液限随天数变化曲线；

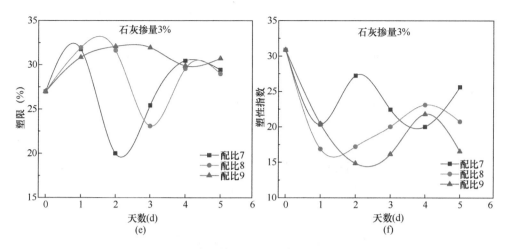

图 5-5 石灰粉煤灰改性土液塑限变化（二）
(e) 塑限随天数变化曲线；(f) 塑性指数随天数变化曲线

类土的液限降低，塑性增大，塑性指数有明显的降低。随着二灰掺量的增加，土的改性效果增加，其中石灰的剂量为影响其改性效果的关键因素。在闷料 3d 以后，土的性质逐渐稳定[114]。

二灰改性土的最佳掺加剂量为土∶石灰∶粉煤灰＝3∶9∶88，掺灰拌和后的闷料时间宜在 3～4d。

5.4 固废基材料改性研究

高液限黏土天然含水率远高于最佳含水率，普遍高出 10％以上[115]。但由于高液限黏土黏粒含量过大，液限过高，造成其土体内部失水困难，作为填料的高液限黏土按照规范要将其翻晒至施工含水率±2％才能进行压实，要达到施工含水率翻晒时间为 4～7d，这样一来就造成施工工期的严重滞后。为确定各种工业副产品用于高液限黏土改性的可能性和最佳掺比，拟通过检测改性后黏土液、塑限及塑性指数的变化，得出改善其施工和易性的最佳配比，以此作为黄泛区高液限黏土路基填筑过程中施工工艺。

5.4.1 改性材料的探索

在我国的高速公路建设中，目前常用的改良方法如掺加石灰、粉煤灰、砂砾等，存在一定的经济问题和环保问题，新研发的一些化学改性剂，虽然改性效果良好，但普遍价格较高，适用性和推广性较低。因此，针对高含水率的山东省黄泛区高液限黏土来说，亟需寻找一种更为高效、经济的改性材料，来推广应用于高液限黏土的路基填筑过程中。本研究拟通过对当前山东省内现存工业固废进行探索性研究，将其掺入黄泛区高液限黏土，探究各种工业固废改性高液限黏土的可行性[116]。对工业固废固硫灰渣、镍渣、尾砂、高炉矿渣、IB-1复掺材料、IB-2复掺材料，以及造纸厂产生固废白污泥、黑污泥，将其分别掺入黄泛区高液限黏土中，测定改性土的液塑限值，对各种材料的改性效果进行分析，以确定其是否具有作为高液限黏土改性材料进一步研究的价值，并确定最佳的改性材料。

本研究拟通过对不同改性剂及其掺量的改性效果对比，来优化选取高液限黏土最佳的改性剂及其掺量。同时，将掺4％生石灰与掺10％干砂方案作为对照试验，闷料时间为24h，试验结果如表5-2和图5-6～图5-14所示。

不同改性方案下黏土的液、塑限测定结果　　　　表5-2

改性方案	液限（％）	塑限（％）	塑性指数
素土	50.83	24.14	26.69
掺4％石灰	45.06	28.56	16.50
掺10％干砂	49.08	24.51	24.57
掺4％IB-1	48.89	26.08	22.81
掺6％IB-1	47.27	26.82	20.45
掺8％IB-1	46.53	27.03	19.5
4％IB-2	49.42	27.34	22.08
6％IB-2	47.54	27.10	20.44
8％IB-2	43.64	24.65	18.98
2％白污泥	50.28	28.14	22.14
4％白污泥	51.40	30.23	21.17
6％白污泥	50.74	31.79	18.94
2％黑污泥	50.89	28.53	22.36
4％黑污泥	51.67	31.89	19.79
6％黑污泥	51.92	31.43	20.48
4％固硫灰	47.91	28.32	19.59
8％固硫灰	44.47	29.83	14.64
4％尾砂	46.76	26.31	20.45
6％尾砂	44.80	26.92	17.88
4％镍渣	48.76	25.25	23.51
6％镍渣	46.83	26.72	20.11
4％矿渣	46.81	25.76	21.05
6％矿渣	45.82	27.92	17.90

由图 5-6～图 5-8 液限对比结果可知，掺生石灰方案对降低黏土液限的效果非常显著，降低了 6.77%；掺 10% 干砂对降低黏土液限的效果不明显。对于新型改性材料 IB-1，随着掺比的增加，IB-1 对黏土液限降低的效果逐渐显现，掺 6%、8%IB-1 的改性方案分别降低了黏土液限的 4.56% 和 6.3%，改性土液限随 IB-1 的增加而降低。对于新型改性材料 IB-2，其改性效果随掺量增加极为明显，掺量为 4% 时，液限仅降低 1.41%；掺量为 8% 时，液限降低达 7.19%，改性效果显著，但其价格较高，经济性不佳。对于造纸厂固废污泥，对高液限黏土的液限改性效果并不明显。对于工业固废固硫灰，对高液限黏土的液限降低效果明显，掺量达到 8% 时，液限降低值可达 4.36%。对于工业固废尾砂，对高液限黏土的液限降低效果明显，4% 掺量时液限可降低 4.07%，掺量达 6% 时，液限降低可达 6.03%。对于工业固废镍渣，6% 掺量时，液限降低值为 4%。对于工业固废高炉矿渣，掺量为 6% 时，液限降低值为 5.01%。综上所述，IB-1、IB-2、固硫灰和尾砂对液限的改性效果较好，具有进一步研究的价值。

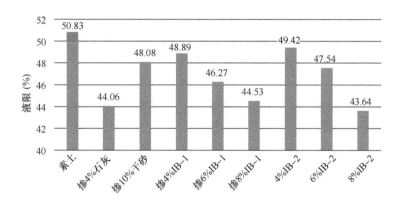

图 5-6 各改性土液限结果对比（一）

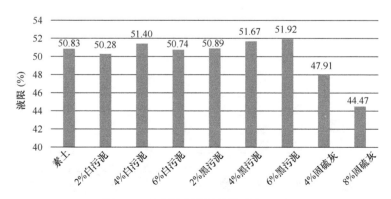

图 5-7 各改性土液限结果对比（二）

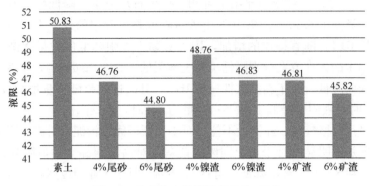

图 5-8　各改性土液限结果对比（三）

由图 5-9～图 5-11 塑限对比结果可知，掺生石灰方案对提高黏土塑限的效果非常显著，4％掺量生石灰可提高塑限 5.42％，掺 10％干砂对提高塑限的效果不明显，新型改性材料 IB-1 对提高塑限有一定的效果，但随着掺量的增加，塑限提高效果并没有很大。对于新型改性材料 IB-2，其改性效果并不明显，且随着掺

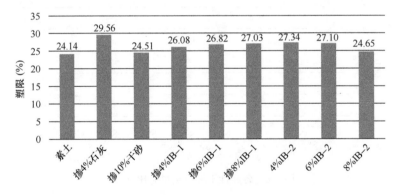

图 5-9　各改性土塑限结果对比（一）

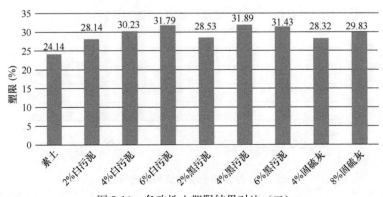

图 5-10　各改性土塑限结果对比（二）

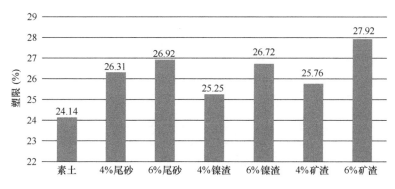

图 5-11 各改性土塑限结果对比（三）

量的增加，塑限反而出现降低的现象。对于造纸厂固废污泥，对高液限黏土的塑限提升效果显著，在掺量达到 6% 时，白污泥可提高塑限 7.65%，黑污泥可提高塑限 7.29%。对于工业固废固硫灰，对高液限黏土的塑限提高效果明显，掺量达到 8% 时，塑限提高值可达 5.69%。对于工业固废尾砂，对高液限黏土的塑限提升效果并不明显，掺量为 6% 时，塑限可提高 2.78%。对于工业固废镍渣，6% 掺量时，塑限提高值为 2.58%。对于工业固废高炉矿渣，掺量为 6% 时，塑限提高值为 3.78%。综上所述，IB-1、IB-2、污泥和固硫灰对高液限黏土的塑限提高效果显著，具有进一步研究的价值。

塑性指数综合反映了黏土可塑性的大小，是黏性土最基本的物理指标之一。液限到塑限的变化范围越大，土的可塑性就越大，会给路基填筑施工带来一定困难。由图 5-12～图 5-14 塑性指数对比结果可知，掺生石灰方案对提高黏土塑限的效果非常显著，4% 掺量生石灰可降低塑性指数 12.19，证明掺石灰改良仍是当前常用改性方法中效果最优的一种；掺 10% 干砂对降低塑性指数的效果不明显。对于新型改性材料 IB-1，随着掺比的增加，IB-1 对黏土塑性指数的降低效果逐渐显现出来，掺 6%、8%IB-1 的改性方案分别降低了黏土的塑性指数 7.24、

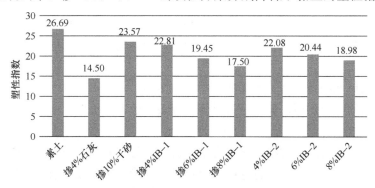

图 5-12 各改性土塑性指数结果对比（一）

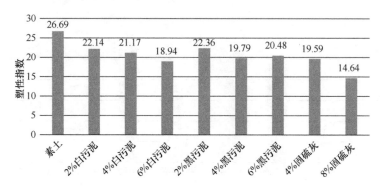

图 5-13 各改性土塑性指数结果对比（二）

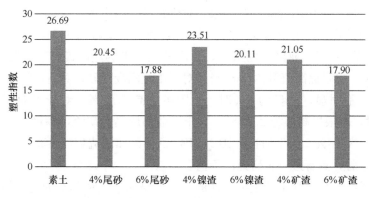

图 5-14 各改性土塑性指数结果对比（三）

9.19。对于新型改性材料 IB-2，在掺量达到 8% 时，可降低塑性指数 7.72。对于造纸厂固废污泥，在 6% 掺量条件下，白污泥可降低塑性指数 7.75，黑污泥可降低塑性指数 6.21。对于工业固废固硫灰，改性效果非常显著，掺量为 8% 时，塑性指数的降低值可达 12.05。对于工业固废尾砂，掺量为 6% 时，可降低塑性指数 8.81。对于工业固废镍渣，掺量为 6% 时，可降低塑性指数 6.58。对于工业固废高炉矿渣，掺量为 6% 时塑性指数降低值为 8.79。综上所述，IB-1、固硫灰、尾砂、高炉矿渣对降低高液限黏土的塑性指数效果显著，具有进一步研究的价值。

为探究更加经济、高效的高液限黏土改性剂，对上述改性剂进行复掺。通过不同改性剂的综合作用，共同对黄泛区高液限黏土进行改性，使其满足路基填筑要求。

由第 5.4 节对改性材料的研究可知，复合改性材料 IB-1 和 IB-2 均对高液限黏土具有良好的改性效果，将这两种材料进行复掺，对其液塑限改性效果进行探究。由于造纸厂污泥对塑性指数的提高效果显著，但对液限的降低效果并不明显，因此，将造纸厂白污泥（GM-1）与 IB-1、IB-2 进行复掺，以降低工程造价，探索经济、有效的改性剂配比。

由图 5-15 液限对比结果可知，IB-1 和 IB-2 复掺对高液限黏土液限的改性效果随 IB-2 掺量的增加而显著提高。当掺量为 2%IB-2+6%IB-2 时，可降低液限 9.77%。而掺入 GM-1 后，反而会抑制 IB-1 和 IB-2 对液限降低的效果。

由图 5-16 塑限对比情况可知，当 IB-1 掺量为 2% 时，增加 IB-2 的掺量并不能提高高液限黏土的塑限。而 GM-1 对提高高液限黏土塑限效果显著，掺入 2%IB-1+6%GM-1 可提高塑限 9.4%；效果最佳方案为掺入 2%IB-1+2%IB-2+6%GM-1，可提高塑限 10.2%；对于 GM-1，当掺量达到 6% 后，继续增加掺量并不能提高改性效果。

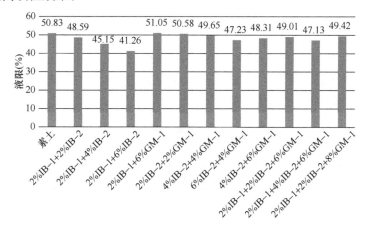

图 5-15　各改性土液限结果对比

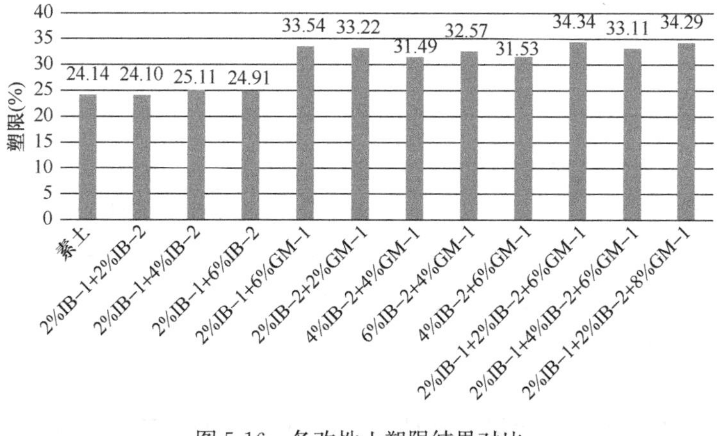

图 5-16　各改性土塑限结果对比

由图 5-17 可知，IB-1 与 IB-2 复掺的改性效果随着 IB-2 掺量的增加而提高，2%IB-1+6%IB-2 可降低塑性指数 10.34，改性效果显著。改性效果最佳的配比

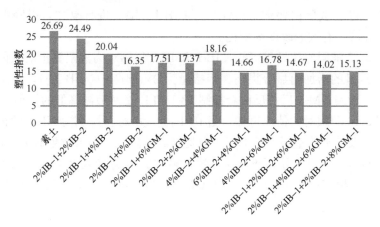

图 5-17　各改性土塑性指数结果对比

为 2%IB-1+2%IB-2+6%GM-1，可降低塑性指数 12.67。

根据上述各改性剂的改性效果，以 IB-1、CaO、GM-1 作为改性剂，设计正交试验，方案如表 5-3 所示。

正交试验方案　　　　　　　　　　　　表 5-3

试验号	IB-1 掺量（%）	CaO 掺量（%）	GM-1 掺量（%）
1	0	0	0
2	0	2	3
3	0	4	6
4	2	0	3
5	2	2	6
6	2	4	0
7	4	0	6
8	4	2	0
9	4	4	3

9 组土样的液塑限值如图 5-18～图 5-20 所示，对各改性剂和掺量对改性效果的影响进行分析。由图 5-18 可知，第 2 组、3 组土液限降低并不明显，未达到规范中对于路基填土的要求，其余 6 组液限均有明显降低，可见 IB-1 对降低高液限黏土的液限具有显著效果。但对比第 4～9 组可见，IB-1 掺量由 2% 增加至 4% 对液限降低效果并没有显著提高。由图 5-18 可知，第 4 组、第 7 组为液限降低最为显著的两组，由此可知，CaO 对液限降低的效果并不明显，而 GM-1 对液限无明显改性效果。

对 9 组土样的塑限变化进行分析，由图 5-19 可知，第 4、7 两组塑限提高值最小，可见 CaO 对于提高高液限黏土的塑限效果显著，综合分析 9 组数据，CaO 掺量由 2％增大至 4％，塑限改性效果略有提高。IB-1 和 GM-1 对于塑限的提高无明显作用。

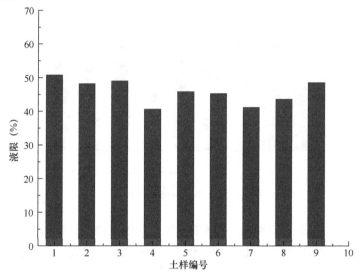

图 5-18　各组土样液限

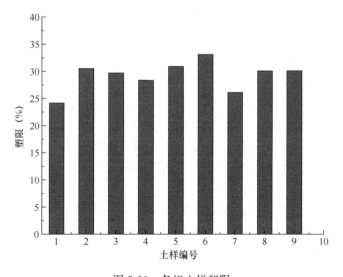

图 5-19　各组土样塑限

对图 5-20 分析可知，8 组改性土均达到规范中对于路基填土的要求，第 4～9 组改性效果明显优于第 2 组、3 组，且其中第 4～6 组最佳，故 IB-1 最佳掺量定为 2％。CaO 对塑限改善效果明显，但对于液限的降低效果并不明显。GM-1

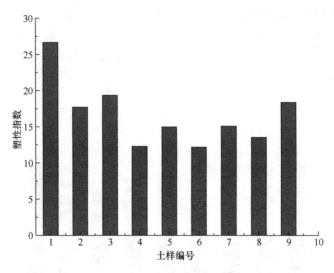

图 5-20　各组土样塑性指数

在此次试验中并未显示出明显的对高液限黏土液塑限的改性效果。

由各改性剂的改性效果可知，IB-1、CaO 对黄泛区高液限黏土的改性效果较为良好，可进一步研究确定改性剂的选择及配比。

无侧限抗压强度是指试样在无侧向压力情况下，抵抗轴向压力的极限强度[117]。公路路基填土的无侧限抗压强度是路基路面设计的重要参数。土的无侧限抗压强度值通过路强仪进行测试，试验试样采用干法制备、静压成型法成型，参照《公路土工试验规程》JTG 3430—2020 进行试验。

对液塑限试验中较为有效的改性剂进行无侧限抗压强度试验，测定其对于黄泛区高液限黏土无侧限抗压强度的改性效果，以选择适合的高液限黏土改性剂。

由图 5-21 可知，当前常用路用改性剂 CaO 和水泥均对高液限黏土的抗压强度具有良好的改性效果，复合改性材料 IB-1 对高液限黏土的抗压强度同样具备良好的效果，而复合改性材料 IB-2、工业固废灰渣对高液限黏土的强度提高效果并不明显。

根据上述各改性剂的改性效果，以 IB-1、CaO、GM-1 作为改性剂，设计正交试验，以探究更加经济、高效的改性剂组合方案。方案如表 5-4 所示，各组试件的 7d 无侧限抗压强度如图 5-21 所示。

正交试验方案　　　　　　　　　　表 5-4

试验号	IB-1 掺量（%）	CaO 掺量（%）	GM-1 掺量（%）
1	0	0	0
2	0	2	3

续表

试验号	IB-1掺量（%）	CaO掺量（%）	GM-1掺量（%）
3	0	4	6
4	2	0	3
5	2	2	6
6	2	4	0
7	4	0	6
8	4	2	0
9	4	4	3

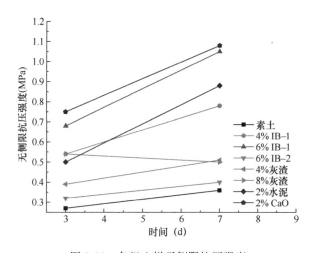

图 5-21　各组土样无侧限抗压强度

由图 5-22、图 5-23 对各组试验数据进行分析可知，CaO 对高液限黏土的强度改性效果最佳，且改性效果随掺量的增加而提高。由图 5-23 可知，CaO 掺量由 0 增大至 2% 时，平均 7d 抗压强度由 0.5MPa 增大至 1.1MPa；掺量为 4% 时，7d 抗压强度可达 1.5MPa。IB-1 对高液限黏土的无侧限抗压强度也有着良好的改性效果，IB-1 掺量由 0 增大至 2% 时，平均 7d 抗压强度由 0.85MPa 增大至 1.1MPa；掺量为 4% 时 7d 抗压强度为 1.2MPa。对于 GM-1，其对黄泛区高液限黏土的强度并未产生较好的提升效果。

根据以上试验结果，对黄泛区高液限黏土改性效果较好的改性剂有 CaO、水泥和 IB-1。由于生石灰开采过程对环境造成严重污染[118]，石灰开采受限，故生石灰在路基填筑施工过程中的使用受到限制。因此，选用复合改性材料 IB-1 或水泥与 IB-1 复掺作为改性剂，对高液限黏土进行改性，以达到路基填筑施工的要求。本研究主要对 IB-1 改性黄泛区高液限黏土的路用性能进行探究。

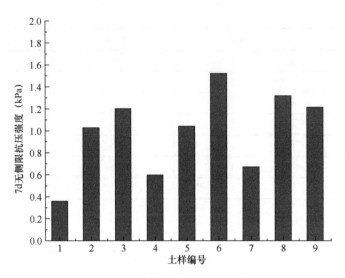

图 5-22　各组土样无侧限抗压强度

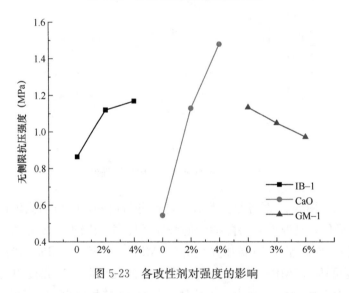

图 5-23　各改性剂对强度的影响

5.4.2　改性机理

IB-1 改性黏土的原理是由于发生了离子交换和团粒化作用，当 IB-1 掺入黏土后，IB-1 中会游离出大量高价钙离子，钙离子与土中的钠、钾离子发生等量吸附交换，破坏土体的双电层结构，使得胶体吸附层减薄，粘胶力的亲水性减弱，液限指数降低，同时黏土胶状颗粒发生凝聚，形成结构较强的微团粒，进而形成较大的土团，改善和易性。同时通过胶凝材料的硬凝反应[119]，进一步增强土体强度。改性机理如图 5-24 所示，改善前后的微观结构如图 5-25、图 5-26 所示。

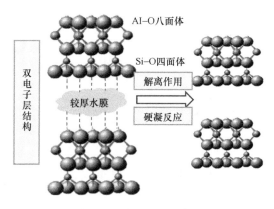

图 5-24 改性机理示意图

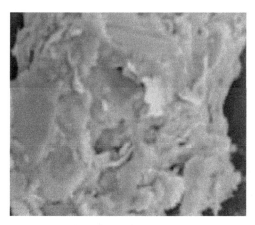

图 5-25 改性前微观结构

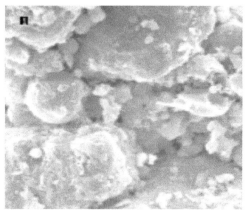

图 5-26 改性后微观结构

5.4.3 改性后土体的力学特性

(1) 击实试验

本章击实试验采用的试验方法与第 2.1.4 节一致。素土和改性土干密度与含水率的关系曲线分别如图 5-27、图 5-28 所示。由图 5-28 击实曲线可知，采用 6% 掺量 IB-1 对黄泛区高液限黏土进行改性后，土样最大干密度为 $1.79g/cm^3$，最佳含水率为 18.12%。相较于第 2 章素土击实曲线，改性后土体的最佳含水率增加，而最大干密度降低。

(2) 无侧限抗压强度

试验含水率分别选择最优含水率（w_{opt}）和最优含水率 + 3%，压实度为 94%，分别对素土和 6% IB-1 改性土的 3d、7d、28d 无侧限抗压强度进行检测，结果如图 5-29、图 5-30 所示。

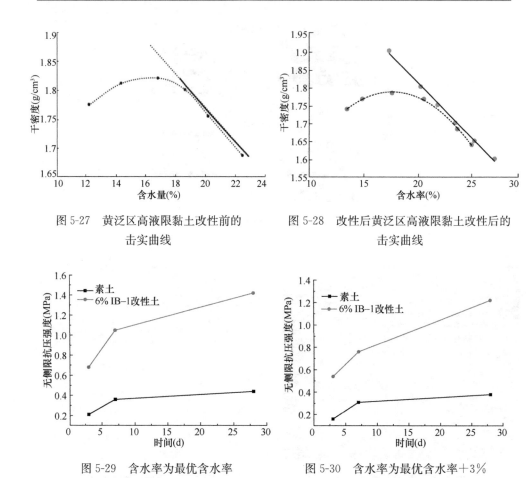

图 5-27 黄泛区高液限黏土改性前的击实曲线

图 5-28 改性后黄泛区高液限黏土改性后的击实曲线

图 5-29 含水率为最优含水率

图 5-30 含水率为最优含水率＋3％

由图 5-29、图 5-30 可知，IB-1 改性剂对黄泛区高液限黏土的无侧限抗压强度具有良好的改性效果。对于改性后的黄泛区高液限黏土，含水率在 $w_{opt} \sim w_{opt} + 3\%$ 范围内，压实度为 94％ 时，可以达到路床土对于 7d 无侧限抗压强度 0.6MPa 的要求。

(3) CBR 试验

加州承载比 CBR 值按照《公路路基设计规范》JTG D30—2015 中的路基填料最小承载比进行对比。试样制备方法为湿法制样击实，试验操作步骤参照《公路土工试验规程》JTG 3430—2020。

改性土掺加 IB-1 的质量配比为 6％。通过对比黄泛区黏土改性前后的 CBR 变化，并参照《公路路基设计规范》JTG D30—2015 与《公路路基施工技术规范》JTG/T 3610—2019，提出路基施工过程中路堤填料的含水率控制标准。

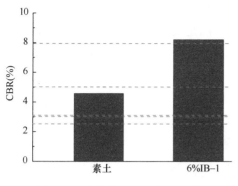

图 5-31　含水率＝w_{opt} 时 CBR 值　　　　图 5-32　含水率＝w_{opt}＋3% 时 CBR 值

路基填料最小承载比要求　　　　　　　　　　　　表 5-5

路基部位		路面底面以下深(m)	填料最小承载比（CBR）（%）		
			高速公路、一级公路	二级公路	三、四级公路
上路床		0～0.3	8	6	4
下路床	轻、中等及重交通	0.3～0.8	5	4	3
	特重、极重交通	0.3～1.2	5	4	—
上路堤	轻、中等及重交通	0.8～1.5	4	3	3
	特重、极重交通	1.2～1.9	4	3	—
下路堤	轻、中等及重交通	1.5 以下	3	2	2
	特重、极重交通	1.9 以下			

由图 5-31 可知，黄泛区高液限黏土掺加 6% IB-1 后，改性土的 CBR 值相对于素土 CBR 值有显著提高，当土样含水率为最佳含水率时，6% IB-1 改性土 CBR 值可达 8.05%。根据表 5-5 中对路基填料最小承载比的要求，可以应用于上路床填筑。

由图 5-32 可知，当含水率为 w_{opt}＋3% 时，6% IB-1 改性土 CBR 值可达 5.3%，可以应用于下路床和路堤填筑。

含水率在 w_{opt}～w_{opt}＋3% 范围内，6% IB-1 改性的高液限黏土可满足路堤和下路床强度要求。

对不同含水率下的素土和 6% IB-1 改性土的 CBR 值进行检测，由图 5-33 可知，黄泛区高液限黏土改性土的 CBR 值随含水率变化呈先迅速减小后缓慢减小的趋势。当土样含水率为 17%（最佳含水率附近）时，改性土 CBR 值可达 8.22%，较素土 CBR 值提升 3.63%，可应用于上路床填筑。当含水率升高至 20% 时，改性土 CBR 值减小为 5.43%，可作为下路床填料进行填筑施工。当含水率达到22%时，改性土 CBR 为 3.43%，仍可满足规范中高等级公路对 CBR 值的最小要求。以 CBR 值 3% 作为 CBR 强度满足要求的可填筑依据，素土所需控制的最大含水率为 20.22%，而改性土所需控制的最大含水率可放宽至 22.67%，较素土含水率控制范围大 2.45%。

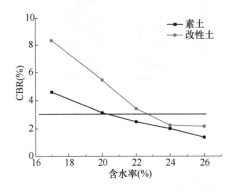 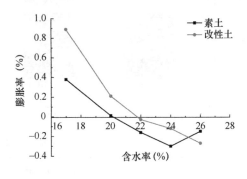

图 5-33　CBR 值与试样含水率的关系曲线　　图 5-34　膨胀率与试样含水率的关系曲线

由图 5-34 可知，素土与改性土表现有微膨胀性，其膨胀率随含水率的增大而减小，且素土膨胀率要小于改性土膨胀率。这是因为改性土在制备完成后，由于闷料过程中发生离子交换等作用使得改性土含水率较素土低，进而吸水膨胀量要高于素土。在较低含水率区（17%~20%），由于高液限黏土渗透性差，其吸水量不大，膨胀率较小，素土与改性土的膨胀率均未超过1%。随着含水率的升高，在4d的浸水膨胀监测过程中发现，20%~22%含水率区间内的试样高度存在先增大后减小的现象，即先膨胀后压缩，这是由于该含水率区间内的试样仅能吸收较少的水分，产生微小膨胀，然后在上覆承载板作用下逐渐被压缩。当含水率高于22%时，由于试样本身含水率较高，加上黏土的渗透性差，保水性好，素土与改性土试样在承载板上覆作用下一直处于压缩状态，膨胀率表现为负值[120]。

（4）回弹模量

土的回弹模量试验采用承载板法，该法适用于不同湿度和密度的细粒土[121]。试验试样采用湿法制备、重型击实法成型，参照《公路土工试验规程》JTG 3430—2020 进行试验。根据路堤填筑施工时的含水率和压实度变化范围，回弹模量试验工况如下：试验含水率依次取 17%、20%、22%、24% 和 26%；压实度分别取 88%、90%、92% 和 94%。掺 IB-1 改性黄泛区高液限黏土的配比为 6%。对比黄泛区高液限黏土改性前后的回弹模量变化（表 5-6），并参照《公路路基设计规范》JTG D30—2015 与《公路路基施工技术规范》JTG/T 3610—2019，提出路基施工过程中的含水率与压实度控制标准。

改性前后回弹模量对比 表5-6

含水率 （%）	压实度 （%）	素土回弹模量 （MPa）	IB-1改性土回弹模量 （MPa）
17	88	30.46	53.29
	90	60.14	64.15
	92	68.07	78.07
	94	75.07	83.53
20	88	21.56	42.46
	90	31.94	50.40
	92	37.99	70.43
	94	42.12	75.06
22	88	13.71	34.80
	90	21.50	44.61
	92	27.34	63.97
24	88	10.16	21.08
	90	16.13	24.98
26	88	5.13	5.52

由表5-6和图5-35～图5-38可知，黄泛区高液限黏土掺加6%IB-1后，其回弹模量均有不同程度的提升。由图可知，素土含水率小于等于20%且压实度高于89.5%才能满足规范中对高速公路及一级公路路基顶面最小回弹模量大于30MPa的要求。而经改性后，黏土含水率可进一步放宽，22%含水率下的改性土在各个压实度下仍可满足规范中最小回弹模量的要求，这对于晾晒工作量巨大

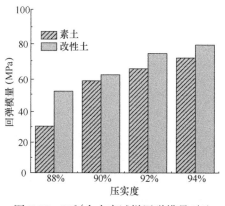

图5-35 17%含水率试样回弹模量对比

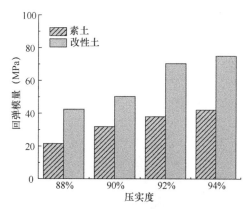

图5-36 20%含水率试样回弹模量对比

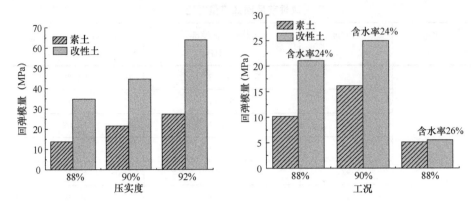

图 5-37 22％含水率试样回弹模量对比　　图 5-38 24％、26％含水率试样回弹模量对比

的黏土路基填筑来说，可大幅降低工程量，加快施工进度，具有显著的经济效益。对比图 5-35～图 5-38 可知，6％IB-1 掺比对于 20％、22％的较高含水率黏土的回弹模量提升显著，而塑限附近的 24％高含水率试样及高于塑限的 26％含水率试样经改性后，回弹模量仍不能达到 30MPa。

第6章 黄泛区高液限黏土直接填筑路基技术

高液限黏土直接作为路堤填料进行填筑，是施工工艺最简单，也是最经济的施工方式[122]。根据《公路路基施工技术规范》JTG/T 3610—2019规定，高液限黏土作为路基填筑，必须经检验满足设计要求方可使用[123-124]。路基填筑前需先铺筑试验路段，确定相应的施工工艺和压实标准。德商高速公路沿线分布大量高液限黏土，若弃之不用，则会造成大量资源的浪费[125]。为此，根据规范对高液限黏土填筑技术进行研究，探寻合适的含水率、松铺厚度和施工工艺，确保高液限黏土路堤达到使用要求。

6.1 工程概况

本项目现场试验依托于德商高速公路夏津至聊城段路桥一标工程。本标段由中铁建大桥工程局第三工程有限公司承建，位于山东省西部德州市和聊城市境内，线路呈南北走向，北起青银高速公路夏津枢纽互通，经德州市夏津县西，聊城临清市东，正线里程为K40+900～K61+800，全长20.9km。本标段路基长度17.6km。

路桥一标一工区土方总计154万m^3，设计取土场为西沙河取土场，该取土场为黄河冲淤积湖积土。该取土场设计取土140万m^3，可用于连续填筑路基的粉性土土方只能开挖2m，取土方量仅为设计取土方量的一半（70万m^3）。2m以下为黄色黏土，呈胶凝状，天然含水率在30%～40%之间；黏土以下为黑色粉土，有机质含量0.86%，均不能进行路基连续性填筑。

由于土性复杂，在现场取得混合土进行室内试验结果差异性较大，现整理现场填料基本物理性质指标列于表6-1。

现场土料基本物理性质指标　　　　表6-1

最佳含水率（%）	最大干密度（g/cm³）	液限（%）	塑限（%）	塑性指数
14～22	1.6～1.84	46.3～50.8	25.7～26.6	20.6～26.2

因西沙河取土场内黏土无法进行连续性路基施工，根据德商高速公路路桥一标项目经理部要求及《公路路基施工技术规范》JTG/T 3610—2019中第3.5条规定，为确保路基施工顺利进行，避免盲目施工给工程带来重大损失，进行高液

限黏土现场碾压试验。现场碾压试验采用不同的松铺厚度、压实控制指标及压实工艺等组合方案,以确定该类土作为路基填料的最佳工艺方法。

6.2 试验段概述

(1) 试验段地点

西沙河取土场内土方主要用于本标段一工区的路基填筑,因此试验地点选在一工区管辖范围内,线路中心设计平均填方高度6m,满足试验段的施工要求。试验段所采用的施工设备如表6-2所示。

1) MRK44+178～MRK44+535段:96区下路床一层(试验段长度:357m);

2) MRK44+178～MRK44+535段:96区下路床一层(追加试验,试验段长度:50m);

3) MRK45+228～K45+600段:96区下路床一层(试验段长度:372m);

4) K49+550～K49+750段:93区第一层(试验段长度:200m);

5) MRK46+525～MRK46+780段:96区下路床一层(试验段长度:50m);

6) AK0+150～AK0+300段(夏津西服务区A匝道,试验段长度:150m)。

施工现场设备　　　　　　　　　表6-2

序号	名称	型号	单位	数量
1	挖掘机	卡特329DL	台	3
2	装载机	柳工ZL50	台	1
3	推土机	山推SD16	台	2
4	平地机	徐工GR200	台	1
5	压路机	三一XSM222	台	2
6	五铧犁	东方红	台	2
7	旋耕犁	东风220	台	2
8	凸轮碾	徐工252	台	1
9	路拌机	威马	台	1

(2) 路基设计指标

根据现场6个段落的施工情况,对现场试验中的填土松铺厚度、施工周期、碾压设备、碾压工艺、压实度、含水率和回弹弯沉等多个方面进行数据收集,达到试验段施工的目的。其中回弹弯沉检测按照规范要求是在路基顶层的40cm灰土层填筑完成后进行,容许回弹弯沉按回弹模量40MPa计算为211(0.01mm),按回弹模量30MPa计算为282(0.01mm),其中季节不利影响系数取1.1(冻前)。

本标段采用5.4m长贝克曼梁进行弯沉值自检,荷载采用后轴10t运输车,弯沉试验执行《公路土工试验规程》JTG 3430—2020。采用灌砂法,ϕ150mm灌砂筒及标准砂进行压实度检测。

6.3 试验路施工工艺

(1) 降水

西沙河取土场表层2m砂土取完之后,即对下部黏土层进行降水处理。以西沙河河道为主排水沟,两侧横向开挖降水沟,将黏土表层的水及黏土层内的水引至降水沟,由降水沟排至主排水沟如图6-1所示。

图6-1 取土场内降水及甩土示意图
(a) 开挖降水沟;(b) 甩土降水

(2) 甩土

采用推土机配合挖掘机的机械组合。用挖掘机将2~3m的黏土层由原始状态翻成松散状态晾晒,晾晒一定时间后,利用推土机推成堆,因为地下水位上升至降水沟已由降水沟排至主排水沟,因此可以将成堆黏土中的水分加速降低。

(3) 排水

地下水位上升、地上黏土堆中的水以及地表水的不断汇聚,使主排水沟中的水不断地增加,导致降水沟发挥不了其降水作用,因此在适当的时候,需对主排水沟进行排水处理,主要方法是采用四轮车抽水机抽水。将北侧主排水沟中的水排至六五新河,南侧主排水沟中的水排至西沙河河道。

(4) 取土

利用土方运输车将取土场内堆放一段时间的黏土运输至路基。挖运过程中,取黏土堆表面晾晒时间长、风干较好的黏土进行挖运，卸土时注意料堆间距，严格保证黏土摊铺厚度、路基宽度（图 6-2）。

图 6-2　取土场取土

(5) 翻晒

卸至路基表面的黏土无需推土机推平，直接采用挖掘机配合五铧犁进行如下翻晒工序（图 6-3）：

1) 挖掘机进行第 1 次翻晒、粗平，晾晒 2～3d；
2) 挖掘机进行第 2 次翻晒、粗平，晾晒 2～3d；
3) 五铧犁进行 3 次翻晒，间隔时间为 2d/次；

其中，翻晒时间为理想翻晒时间，不包含降雨及降温带来的影响。

(a)　　　　　　　　　　　　(b)

图 6-3　挖掘机与五铧犁翻晒
(a) 挖掘机翻晒；(b) 五铧犁翻晒

(6) 平整、封面

1) 推土机进行整平，晾晒 1～2d；
2) 旋耕犁进行翻晒 1 遍，晾晒 1～2d；

3）压路机进行封面静压。

（7）现场粉碎与碾压设备及工艺

1）路拌机进行粉碎处理（图 6-4），晾晒 2～3d；

2）平地机进行精平；

3）钢轮压路机进行碾压（往返 1 遍静压、往返 1 遍弱振）；

4）凸轮进行碾压（往返 4 遍强振）（图 6-5）；

5）钢轮压路机进行碾压（3 遍强振、1 次静压）；

图 6-4　路拌机粉碎

6）在试验过程中，也使用了冲击碾进行路基夯实（图 6-6）；

7）最后封面用胶轮压路机。

图 6-5　凸轮碾压

图 6-6　冲击碾压

（8）试验检测

在压路机碾压结束之后，对已填路基进行路基压实度或弯沉值检测。

根据试验效果对最佳含水率、最佳碾压设备、最佳碾压遍数进行确定，并对压实度、弯沉值进行数据收集。

6.4　现场工程实例

根据对高液限黏土试验段施工过程的全程监测，现对试验段施工总结，比较不同压实工艺对路基压实效果的影响，针对不同含水率的土体确定最优的压实工艺组合。

（1）MRK44＋178～MRK44＋535 段

施工周期：上土时间为 2014 年 10 月 20 日，最后一次检测时间为 2014 年 11 月 26 日，共 37d（不含土场内甩土、晾晒时间）。

松铺厚度：约为 30cm。

翻晒情况：挖掘机翻晒 2 次，五铧犁翻晒 3 次，路拌机翻拌 1 次。

碾压工艺及压实度见表 6-3。

碾压工艺及压实度　　　　　　　　　　　　　表 6-3

碾压设备及遍数	湿密度 (g/cm³)	含水率 (%)	压实度 (%)	说明
凸轮碾 2 遍	1.68	20	80.9	—
凸轮碾 3 遍	1.7	21.4	80.9	—
凸轮碾 4 遍	1.72	22	81.5	—
凸轮碾 4 遍＋光轮压路机强振 2 遍＋冲击碾 4 遍	1.76	12	91	11 月 13 日上冲击碾，11 月 26 日检测压实度，静止放置 13d

11 月 2 日检测回弹弯沉情况如表 6-4 所示。

11 月 2 日回弹弯沉值　　　　　　　　　　　表 6-4

编号	回弹弯沉（0.01mm）		编号	回弹弯沉（0.01mm）	
	左侧	右侧		左侧	右侧
1	166	490	12	350	256
2	120	562	13	194	446
3	276	250	14	504	218
4	260	340	15	490	270
5	360	752	16	240	206
6	272	394	17	180	150
7	414	246	18	206	210
8	226	282	19	280	186
9	320	870	20	326	260
10	210	322	21	220	232
11	164	232	22	300	246

注：表中左、右两侧弯沉均小于 211（0.01mm）的点有 2 个，均小于 282（0.01mm）的点有 8 个，共检测 22 个点。

11 月 23 日检测弯沉情况如表 6-5 所示。

第 6 章　黄泛区高液限黏土直接填筑路基技术

11 月 23 日回弹弯沉值　　　　　　　　　　　表 6-5

编号	回弹弯沉（0.01mm）		编号	回弹弯沉（0.01mm）	
	左侧	右侧		左侧	右侧
1	420	240	10	190	250
2	280	460	11	150	230
3	260	452	12	220	280
4	210	266	13	170	162
5	170	198	14	250	192
6	170	276	15	230	134
7	380	428	16	172	152
8	260	410	17	190	184
9	190	296	18	198	184

注：表中左、右两侧弯沉均小于 211（0.01mm）的点有 4 个，均小于 282（0.01mm）的点有 12 个，共检测 18 个点。

(2) MRK44＋178～MRK44＋535 段追加试验

松铺厚度：约为 30cm。

翻晒情况：将原来压实土翻开重新碾压。五铧犁翻晒 4 次，路拌机翻拌 2 次。

碾压工艺及压实度如表 6-6 所示。该试验段的土经秋后 37d 晾晒，碾压前含水率 16.6%，压实后含水率 13%。压实工艺：光轮压路机静压 1 遍＋凸轮碾压 3 遍，现场检测压实度 $K＝95.4\%$；继续采用光轮压路机强振 2 遍，压实度 $K＝92\%$；再继续强振 2 遍，压实度 $K＝90.6\%$；而后冲击碾 4 遍，静置 13d 测得压实度 $K＝88\%$。说明在最佳含水率附近，凸轮压路机碾压 3 遍土体达到约 95% 的压实度，压实后的路基表层强度很高，用镐刨才可刨动。当土体结构强度形成后继续碾压，将导致土体结构受到扰动甚至破坏，强度与密实度降低。

碾压工艺及压实度　　　　　　　　　　　表 6-6

碾压设备及遍数	压实度（%）	说明
光轮压路机静压 1 遍＋凸轮碾 3 遍	95.6	—
静压 1 遍＋凸轮碾 3 遍＋光轮压路机强振 2 遍	92	
静压 1 遍＋凸轮碾 3 遍＋光轮压路机强振 4 遍	90.6	
静压 1 遍＋凸轮碾 3 遍＋光轮压路机强振 4 遍＋搁置一段时间后，冲击碾 4 遍	88	11 月 13 日上冲击碾，碾压后检测回弹弯沉

光轮压路机强振或冲击碾对土体施加的应力易使土体快速形成较高的超静孔隙水压力,孔隙水沿粉粒间的通道上升至碾压表面,导致碾压表层土体湿软,压实效果较差[126]。凸轮压路机单位压强大,可刺破土体表层,利于土体中气体的排出和超静孔压的释放,迫使有效应力在一定深度内增大[127]。现场试验也证明凸轮压路机是适宜的碾压机具。

11月23日检测弯沉情况如表6-7所示。

11月23日回弹弯沉值　　　　　　　　　　表6-7

编号	回弹弯沉（0.01mm）		编号	回弹弯沉（0.01mm）	
	左侧	右侧		左侧	右侧
1	190	226	14	260	428
2	170	132	15	260	416
3	180	210	16	190	296
4	280	180	17	190	250
5	280	216	18	150	230
6		310	19	220	280
7	220	240	20	120	162
8	260	234	21	250	192
9	280	460	22	230	134
10	260	452	23	172	152
11	210	266	24	170	184
12	170	198	25	198	184
13	170	276			

注：1. 1~14号点,左、右两侧弯沉均小于211（0.01mm）的点有3个,均小于282（0.01mm）的点有11个；

2. 15~25号检测点为在行车道上的点,左、右两侧弯沉均小于211（0.01mm）的点有4个,均小于282（0.01mm）的点有9个。

(3) MRK45+228~K45+600段

施工周期：2014年9月13日上土,2014年11月23日检测结束,共70d（不含土场内甩土、晾晒时间）。

松铺厚度：约为30cm。

翻晒及碾压情况：推平后五铧犁翻晒2次,路拌机翻拌1次。

碾压工艺：光轮压路机稳压2遍+凸轮碾振动碾压4遍+冲击碾碾压5遍。

压实度检测：91%。

11月23日,MRK45+22~K45+600段检测弯沉情况如表6-8所示。

第6章 黄泛区高液限黏土直接填筑路基技术

11月23日回弹弯沉值 表6-8

编号	回弹弯沉（0.01mm）		编号	回弹弯沉（0.01mm）	
	左侧	右侧		左侧	右侧
1	206	238	11	320	180
2	188	200	12	197	202
3	210	164	13	260	222
4	206	182	14	356	268
5	300	190	15	160	254
6	234	224	16	220	350
7	254	216	17	320	240
8	210	176	18	220	224
9	234	190	19	240	296
10	250	182			

注：1. 检测点1~11号为行车车道上的点，11个点中左、右两侧弯沉均小于211（0.01mm）的点有4个，均小于282（0.01mm）的点有9个。

2. 点12~18号为碾压完未扰动的路基上的检测点，7个点中左、右两侧弯沉均小于211（0.01mm）的点有1个，均小于282（0.01mm）的点有4个。

（4）K49+550~K49+750段

施工周期：2014年11月6日上土，试验日期为11月20日，共14d（不含土场内甩土、晾晒时间）。

在该路段取土进行室内试验，测得土的物理性质指标如表6-9所示。

物理性质指标 表6-9

最佳含水率（%）	最大干密度（g/cm³）	液限（%）	塑限（%）	塑性指数
18	1.758	46.3	25.7	20.6

松铺厚度：约为40cm。

翻晒及碾压情况：推平后五铧犁翻晒12d，路拌机打碎后晾晒1d。碾压前取3个点进行含水率检测，分别为22%、24%、29%。碾压方法为凸轮碾静压1遍后，进行凸轮振动压实。每碾压1遍后检测压实度，并取土样检测含水率。

压实度与碾压遍数数据如表6-10所示。

压实度与碾压遍数关系 表6-10

碾压遍数	测点位置	湿密度（g/cm³）	含水率（%）	压实度（%）	说明
静压1	K49+680右	1.86	28.6	83.6	
	K49+650右	1.839	25.6	84.6	
	K49+600右	1.805	24.4	83.9	

续表

碾压遍数	测点位置	湿密度(g/cm³)	含水率（%）	压实度（%）	说明
静压1+振动1	K49+600 中	1.89	23.9	88.2	第3点为压路机胶轮下
	K49+650 右	1.871	26.1	85.8	
	K49+700 右	1.903	25.1	87.9	
静压1+振动2	K49+700 中	1.91	24.8	88.5	
	K49+650 右	1.935	24.1	90.1	
	K49+600 中	1.93	20.5	92.6	
静压1+振动3	K49+700 右	1.946	26.3	89.1	第3点为压路机胶轮下
	K49+650 右	1.96	26.7	89.4	
	K49+600 右	2.01	25.2	92.8	
静压1+振动4	K49+700 右	1.9	24.8	88	
	K49+650 右	1.952	24.6	90.6	
	K49+630 右	1.953	25.2	90.2	
静压1+振动5	K49+600 中	2.01	23.6	94	第1点为压路机胶轮下
	K49+603 中	1.922	23.6	89.9	

试验现象：从第1遍凸轮碾开始，碾压时就有轻微的弹簧现象；碾压5遍以后，路基表面明显变湿，弹簧现象明显。反复碾压后，凸轮碾行驶轮（胶轮）下的压实度较高，凸轮碾压后的表面成块松散。

将碾压后路基开挖剖面，如图6-7～图6-9所示。可以看出，碾压4遍后路基剖面的整体性很好，碾压5遍后的路基剖面整体性与碾压4遍的路基剖面相比整体性变化不大，碾压到6遍后的路基剖面不再是一个整体，有较多裂隙，而下挖时易挖出胶凝块。

图6-7 碾压4遍后剖面

图6-8 碾压5遍后剖面

该试验段土体天然含水率为24%～27%，部分区段为21%。试验段长200m，宽30m，采用光轮压路机静压1遍，然后凸轮压路机多次碾压。凸轮压路机碾压4～5遍后路基表面呈现出明显的潮湿现象，继续碾压出现翻浆，故碾压至5遍后停止作业。经现场检测发现，当含水率为21%时，压实度可达92%以上，而当含水率为24%～27%时，土体处于中湿状态，压实度一般可达88%以上。

第6章 黄泛区高液限黏土直接填筑路基技术

图 6-9 碾压 6 遍后剖面

图 6-10 显示了平均压实度随总碾压遍数的变化关系，即当凸轮压路机碾压3～4遍时，干密度达到最大，压实度在 89%～93% 之间，继续碾压压实度降低。表明在碾压的前 3 次，凸轮可以刺破路基土体，使土中气体逸出，水分上移消散，孔隙压缩，土颗粒挤密，密实度增长至稳定状态。随后，路基上

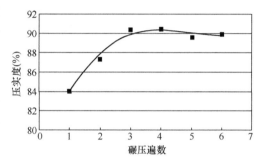

图 6-10 压实度与碾压遍数关系曲线

部碾压土体形成密实的硬壳层，阻碍了硬壳层下部土体中的气、水排出。随着碾压遍数增加，硬壳层下部土体中的水、气两相进一步承压，正如室内模型试验结果所反映的，增加的荷载主要由封闭的气、水两相承担，土骨架承担荷载几乎没有变化，表现出土体不排气、不排水的封闭"弹性变形体"的特点，现场路基土体实际表现为碾压过程中出现弹簧现象。而当压路机进一步碾压，过大的土体气压和超静孔压会使已压密的硬壳层土体结构发生破坏，产生裂隙，土中气、水沿着裂隙排出，实际表现为路基表面在碾压的后期出现湿软的现象。因此，为避免土体因过多次数碾压而出现结构破坏、强度降低，同时减小工程碾压量，碾压工艺可采用光轮压路机静压 1 遍＋凸轮压路机强振 3～4 遍＋胶轮压路机收面 1 遍。

(5) MRK46＋525～MRK46＋780 段

施工周期：上土时间为 2014 年 9 月 15 日，11 月 23 日检测完，共 68d（不含土场内甩土、晾晒时间）。

填土松铺：厚度约为 30cm。

翻晒及碾压情况：晾晒时间较长，路拌机打碎后直接碾压。碾压前取三个点进行含水率检测，分别为 21%、21.7%、20.4%，使用凸轮碾振动压实。根据第

一试验段的经验,碾压3遍后检测压实度,并取土样检测含水率,如表6-11所示。

压实度　　　　　　　　　　　　　　　表6-11

碾压遍数	测点位置	湿密度（g/cm³）	含水率（%）	压实度（%）
振动3遍	MRK46+750右	1.97	22.8	92.7
振动4遍	MRK46+750右	1.985	23.5	92.9
振动5遍	MRK46+750右	2.011	21.4	95.8

试验现象:凸轮振动碾压5遍,在碾压过程中胶轮处无明显弹簧现象。但是凸轮碾压完后用光轮压路机静压时,光轮压路机胶轮处弹簧现象明显。

11月22日用凸轮振动碾压5遍后用光轮压路机静压2遍,11月23日检测回弹弯沉,检测情况如表6-12所示。

回弹弯沉值　　　　　　　　　　　　　表6-12

编号	回弹弯沉（0.01mm）	
	左侧	右侧
1	340	612
2	260	192
3	360	246
4	510	446
5	330	300
6	744	450
7	420	356

注:表中左、右两侧弯沉均大于211（0.01mm）,均小于282（0.01mm）的点有0个。

(6) AK0+150～AK0+300段

松铺厚度:20cm。

翻晒及碾压情况:自上土开始,挖掘机翻晒2遍,五铧犁翻晒3遍,路拌机粉碎2遍,直至2014年11月21日。

2014年11月22日,先用平地机刮平路基表面,然后使用凸轮碾振动压实,压实度与碾压遍数如表6-13所示。

压实度与碾压遍数　　　　　　　　　　表6-13

碾压遍数	测点位置	湿密度（g/cm³）	含水率（%）	压实度（%）
振动3遍	K46+730左	1.883	24	87.8
	K46+730左	1.863	26.9	84.9
振动4遍	K46+730左	1.995	24.5	92.6
	K46+700左	1.926	28.8	86.5

从表6-15可以看出由于含水率分布不均,从含水率24%～28.8%,即使是在相同的碾压遍数下,压实度相差达到3%～6%,现场碾压控制困难。

6.5 试验路段沉降监测

现场对 K51+610 段填筑的高液限黏土路基进行了沉降和填料物性指标监测，如表 6-14 所示。路基的含水率始终稳定在 21%～24%，变化不大；而黏土路基填筑产生的沉降值也仅为 1mm，发生在含水率 21%、压实度 91% 的情况下，量值非常小；总的沉降量为 12mm，通过现场分析发现，该沉降是由于砂土层在降雨期形成。在实际测试过程中发现，填筑完成的黏土路基表面形成了 2～5cm 的硬壳层，该层的含水率较低，强度很高；而该层下方的土体含水率较高，且比较均匀，该类高液限黏土填筑完成的路基表面易形成硬壳层，路基性能稳定，沉降变形非常小。路基施工完成后选取 9 个断面，开展了为期 60d 的路基工后沉降监测，如图 6-11 和表 6-15 所示。工后沉降为 4～9mm，在路基施工完成后的 40d 左右达到稳定，路基整体性能良好。

填筑期沉降和含水率监测   表 6-14

桩号	路基高度 (m)	填筑时间	填筑厚度 (m)	含水率 (%)	压实度 (%)	沉降检测时间	沉降量 (mm)	沉降原因
K51+610	5.4	2014.8.31	1	23	90	2014.9.3	0	
K51+610	5.4	2014.8.31	1	23	90	2014.9.6	0	
K51+610	5.4	2014.9.7	1.2	21	91	2014.10.2	1	
K51+610	5.4	2015.4.27	2.4	23	89	2015.4.29	0	
K51+610	5.4	2015.6.8	5.4	24	88	2015.6.10	0	累计 10mm
K51+610	5.4	2015.6.8	5.4	23	89	2015.10.9	0	累计 12mm

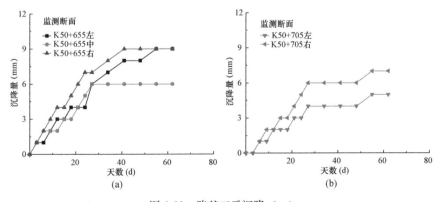

图 6-11 路基工后沉降（一）

(a) K50+655 断面沉降量；(b) K50+705 断面沉降量；

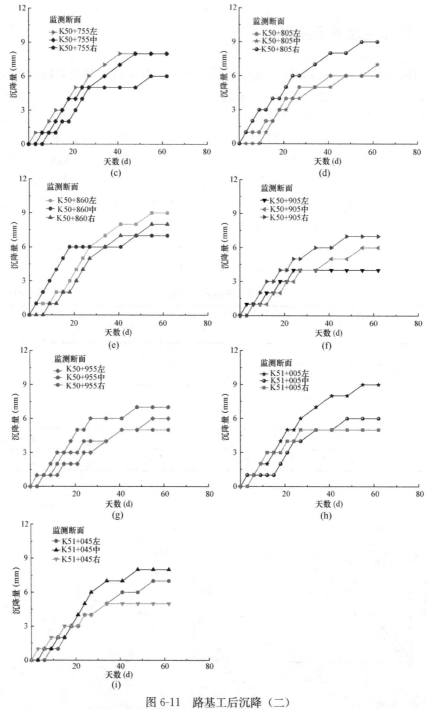

图 6-11 路基工后沉降（二）

(c) K50+755 断面沉降量；(d) K50+805 断面沉降量；(e) K50+860 断面沉降量；
(f) K50+905 断面沉降量；(g) K50+955 断面沉降量；(h) K51+005 断面沉降量；
(i) K51+045 断面沉降量

第 6 章　黄泛区高液限黏土直接填筑路基技术

工后沉降监测

表 6-15

天数 (d) 测点	0	3	6	9	12	15	18	21	24	27	34	41	48	55	62
							实测高程 (m)								
K50+655 左	35.084	35.286	35.611	35.57	35.596	35.413	35.436	35.285	35.657	35.562	35.604	35.419	35.644	35.585	35.615
K50+655 中	36.894	36.893	36.893	36.892	36.891	36.891	36.89	36.89	36.899	36.888	36.887	36.886	36.886	36.885	31.885
K50+655 右	36.883	36.882	36.881	36.881	36.881	36.88	36.88	36.879	36.878	36.877	36.877	36.877	36.877	36.877	36.877
K50+705 左	36.853	36.852	36.851	36.85	36.849	36.849	36.848	36.847	36.846	36.846	36.845	36.844	36.844	36.844	36.844
K50+705 中	37.269	37.269	37.268	37.268	37.267	37.267	37.267	37.266	37.266	37.265	37.265	37.265	37.265	37.264	37.264
K50+705 右	37.281	37.28	37.28	37.279	37.278	37.277	37.276	37.275	37.274	37.274	37.273	37.272	37.271	37.271	37.27
K50+755 左	37.271	37.271	37.27	37.269	37.269	37.268	37.268	37.267	37.266	37.265	37.265	37.265	37.265	37.264	37.264
K50+755 中	37.733	37.732	37.732	37.731	37.73	37.73	37.729	37.728	37.728	37.727	37.726	37.725	37.725	37.725	37.725
K50+755 右	37.703	37.703	37.702	37.702	37.701	37.7	37.699	37.699	37.698	37.698	37.697	37.616	37.695	37.695	37.695
K50+805 左	37.713	37.713	37.713	37.712	37.712	37.711	37.711	37.71	37.709	37.708	37.708	37.708	37.708	37.909	37.707
K50+805 中	38.280	38.279	38.279	38.279	38.278	38.278	38.277	38.276	38.276	38.285	38.275	38.274	38.274	38.274	38.274
K50+805 右	38.300	38.300	38.300	38.300	38.299	38.298	38.297	38.297	38.296	38.296	38.295	38.295	38.294	38.294	38.293
K50+860 左	38.29	38.289	38.288	38.287	38.287	38.286	38.286	38.285	38.284	38.284	38.283	38.282	38.282	38.281	38.281
K50+860 中	38.985	38.984	38.984	38.984	38.983	38.983	38.982	38.981	38.98	38.979	38.978	38.977	38.977	38.976	38.996
K50+860 右	38.995	38.994	38.993	38.992	38.991	38.99	38.989	38.989	38.989	38.989	38.989	38.989	38.988	38.988	38.988
K50+905 左	39.005	39.005	39.005	39.004	39.004	39.003	39.003	39.002	39.001	39.000	38.999	38.198	38.998	38.997	38.997
K50+905 中	39.639	39.638	39.638	39.638	39.637	39.637	39.636	39.636	39.635	39.635	39.635	39.635	39.635	39.635	39.635
K50+905 右	39.649	39.649	39.648	39.648	39.648	39.647	39.647	39.646	39.646	39.645	39.645	39.644	39.644	39.643	39.643
K50+955 左	39.629	39.629	39.628	39.627	39.626	39.626	39.625	39.625	39.624	39.624	39.623	39.623	39.622	39.622	39.622
K50+955 中	40.242	40.241	40.241	40.241	40.241	40.24	40.24	40.24	40.239	40.239	40.238	40.237	40.237	40.236	40.236
K50+955 右	40.222	40.222	40.221	40.22	40.219	40.219	40.218	40.217	40.217	40.216	40.216	40.216	40.215	40.215	40.215
K51+005 左	40.242	40.242	40.241	40.241	40.24	40.239	40.239	40.239	40.238	40.238	40.238	40.237	40.58	40.237	40.237
K51+005 中	40.588	40.587	40.587	40.586	40.586	40.585	40.584	40.583	40.583	40.582	40.581	40.58	40.58	40.579	40.579
K51+005 右	40.608	40.607	40.607	40.607	40.607	40.807	40.606	40.605	40.604	40.604	40.603	40.603	40.602	40.602	40.602
K51+045 左	40.578	40.578	40.577	40.576	40.575	40.575	40.575	40.574	40.574	40.573	40.573	40.573	40.573	40.573	40.573
K51+045 中	40.894	40.894	40.894	40.893	40.893	40.892	40.891	40.891	40.89	40.89	40.889	40.888	40.888	40.887	40.887
K51+045 右	40.904	40.904	40.903	40.903	40.902	40.902	40.901	40.9	40.899	40.899	40.897	40.877	40.896	40.896	40.896
K51+045 下	40.894	40.893	40.893	40.892	40.892	40.891	40.891	40.891	40.89	40.89	40.889	40.889	40.889	40.889	40.889

6.6 直接填筑的施工总结

通过现场碾压试验，总结高液限黏土现场施工的现象及结论如下：

(1) 用高液限黏土作为路基填土在工程实践中主要表现出以下特点：

① 该类黏土保水性好，晾晒困难；取土场降水取土时，其天然含水率在36%左右，而最佳含水率在13%~20%之间，翻拌晾晒周期长，施工机械成本高，冬期施工晾晒更加困难；且翻晒时黏土块不易打碎，晾晒后呈外干内湿的状态。

② 该类黏土对水的敏感性强。其粉粒含量高，易吸水，降水后雨水下渗不易排出。碾压后的实际含水率与碾压前控制含水率相比变化较大、分布不均匀，含水率对碾压效果的影响非常明显，含水率偏低处不易压密，含水率偏高处则弹簧现象明显。

③ 高液限黏土在压实后表面容易形成"硬壳"（厚度约20cm），而硬壳下的填土含水率较大、压实度偏低。但是其强度稳定后，在重载车辆通过时路基顶部亦不会留下明显的车轮痕迹，证明其承载能力较高，硬壳层的形成有利于路基承载力的提高。

(2) 现场取土进行室内击实试验，其最大干密度分布在 $1.73\sim1.84\,\mathrm{g/cm^3}$ 之间，压实度与饱和含水率的关系曲线大致如图 6-12 所示。为保证路基强度、模量和工后沉降，并考虑到施工经济和时间成本，可将该高液限黏土碾压标准控制在含水率不超过 $w_{opt}+4\%$、压实度不低于 92%。

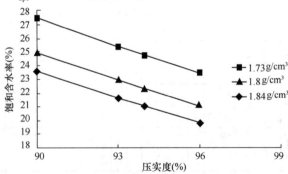

图 6-12 不同最大干密度、在不同压实度下的饱和含水率

(3) 非饱和高液限黏土在压实过程中，存在复杂的土骨架、水、气三相体作用机理，其中孔隙水压和气压的累积和消散决定了压实效果。

松散土体碾压初期，土中气体逸出，水分上移消散，孔隙压缩，土颗粒挤密，密实度增长至稳定状态。压路机进一步碾压，会破坏已压密的硬壳层结构。

因此，在实际碾压过程中，应及时形成水、气消散通道；当路基形成硬壳层并具备一定强度后，应及时停止过量碾压。

（4）参照现场试验段不同机具组合的压实效果，光轮压路机强振或冲击碾对土体施加的应力易使土体快速形成较高的超静孔隙水压力，孔隙水沿粉粒间的通道上升至碾压表面，导致碾压表层土体湿软，压实效果较差。现场试验也证明凸轮压路机是适宜的碾压机具。

综合大量现场试验，碾压工艺可采用光轮压路机静压1遍＋凸轮压路机强振3~4遍＋胶轮压路机收面1遍。

第7章　黄泛区高液限黏土改性填筑路基技术

天然黄泛区高液限黏土工程性质较差，工程中需要对其进行改性处理，如掺砂砾、石灰、水泥、粉煤灰、新型改性剂等，方可满足规范对于路基填料的要求。目前在具体的施工过程中，对于高液限黏土改性施工并没有统一的标准，也无规范可循。本章对前文探究新型改性剂 IB-1 的工程应用进行了研究，确定了改性土的施工工艺和质量控制标准。

7.1　工程概况

现场试验依托于董梁公路宁梁段施工一合同第五项目部。途经梁山街道、开发区、杨营镇及黑虎庙镇，西接河南省境内台辉高速公路，桩号范围为 K89+519.5～K109+771.787，全长 20.252km。拟建项目所在区域梁山县为黄河冲积平原，海拔高度较低，在 39～51m 之间，地势平坦开阔，南高北低，属黄河水系灌溉区，其间沟渠纵横，部分地层分布大量高液限黏土。

本区域地形平坦、宽广，局部路段土质偏软，梁山、东平境内普遍存在一层"宋江土"，为冲积湖积层，以灰色、灰黑色、灰黄色的黏土为主，多呈软塑状、结构较为疏松，具有典型的高液限黏土特征。

本项目采用双向四车道高速公路标准，设计速度 120km/h，路基宽 27m，采用整体式路基。不设超高路段路面横坡采用 2.0%，路土肩横坡采用 4.0%，超高值按 120km/h 的设计速度计算取值，最大超高按 6% 控制。

试验段路基填高 2.7m，其中上路床 0.3m，下路床 0.9m，上路堤 1m，下路堤 0.5m。路堤采用改性高液限黏土作为填料。

7.2　现场试验目的及要求

（1）合理利用高液限黏土弃方，缓解土源紧张境况，降低施工成本。

（2）提出高液限黏土填筑控制标准和改性方法，保证路基性能满足规范要求。

（3）合理利用闲置弃土和工业固废，具有绿色、节能和经济的特点，积累的工程经验和工法可继续服务于其他高速公路建设。

7.3 试验段概述

(1) 试验段地点

根据现场路基填筑进度情况,结合土源位置,拟选定距土源最近的梁山北互通 A 匝道 AK0+180～AK0+280 段进行试验路填筑(图 7-1～图 7-5),平均填高 2.4m,拟填筑高度 1.0m,平均填筑宽度 32m,土方量约 4000m³。

图 7-1 试验段位置

(2) 主要检测方法

1) 灌砂法

路基压实度是路基工程质量控制指标,采用灌砂法进行压实度检测。

图 7-2 试验段整体图

图 7-3 试验路施工工艺流程图

141

图 7-4 试验路组织机构

图 7-5 试验路工程概况

2）环刀法

为确定最佳压实遍数和碾压机械组合，在每次碾压过后采用环刀法对土体压实度进行初步检测。

3）贝克曼梁法

路基回弹弯沉是反映路基整体抗变形能力的关键指标，成为路基验收的关键指标，按照《公路土工试验规程》JTG 3430—2020 进行检测。

4）承载板法

本标段采用承载板法进行静态回弹模量检测，试验执行《公路土工试验规程》JTG 3430—2020。

5）落锤式弯沉仪法

根据《公路路基施工技术规范》JTG D30—2015 规定，采用动态回弹模量和动弯沉作为路基设计和验收标准。本标段采用落锤式弯沉仪对路堤顶部的动态回弹模量和动弯沉进行检测。

7.4 试验段准备工作

（1）原材料准备

土源：选定位于梁山县后码头处黏土堆积区，土源存量大，具有典型的高液限黏土代表性，至试验路段运距约 6km。土样参数如表 7-1 所示。

现场土料基本物理性质指标　　　　　　　　　　表 7-1

最佳含水率（%）	最大干密度（g/cm³）	液限（%）	塑限（%）	塑性指数
16.87	1.83	50.8	27.8	23

改性材料初步拟定掺加 6%IB-1。

(2) 施工机具准备

试验路段主要施工设备和试验仪器如表 7-2 和表 7-3 所示。

主要施工设备　　　　　　　　　　　　　　　　　表 7-2

序号	名称	单位	数量
1	挖掘机	台	2
2	装载机	台	1
3	推土机	台	1
4	平地机	台	1
5	压路机	台	1
6	五铧犁	台	1
7	羊足碾	台	1
8	路拌机	台	1

主要试验仪器　　　　　　　　　　　　　　　　　表 7-3

序号	名称	单位	数量
1	灌砂筒	套	2
2	电子秤（量程 20kg）	台	1
3	电热鼓风干燥箱	台	1
4	铝盒	个	100
5	电子天平（0.01g）	台	1

7.5　试验路施工工艺

(1) 路堤的上土

下承层（图 7-6）检查合格后进行填土，填土前采用全站仪按 20m 间距测设出中桩，用水准仪测出横断面高程，用白灰撒出每侧宽出路堤填筑宽度 1~2m 的灰线。根据每车土的松方量，计算出对应厚度的摊铺面积，在作业面上标划出对应的格子，根据格子卸土，每个方格内倒一车土，确保土料的均匀性。上土（图 7-7）完成后，用挖掘机将土体推平。

图 7-6　下承层示意图　　　　　　　　图 7-7　上土示意图

（2）土料的推平

上土完成后,用挖掘机对土体进行推平（图 7-8、图 7-9）,使土体达到预定松铺厚度的要求。

图 7-8　推土机推平示意图　　　　　　图 7-9　推土机推平示意图

（3）土料的破碎、晾晒

挖掘机初平后初步进行大黏块的破碎（图 7-10）,再用路拌机进行深度破碎（图 7-11）,直到土体中不再含有大黏块。对土体进行晾晒,直至含水率达到要求。

图 7-10　五铧犁破碎　　　　　　　　图 7-11　冷再生拌合机破碎

第 7 章 黄泛区高液限黏土改性填筑路基技术

（4）掺灰

根据试验确定的最佳掺量进行布灰，根据路段压实方量和击实数据分别计算使用量，计划采用压路机初压后人工方式掺加，同样采用网格方式均匀布置，在作业面上标划出对应的格子（图 7-12），根据格子布灰，每个方格内布 1 袋灰，确保掺灰的均匀性（图 7-13）。

图 7-12 布设灰格

图 7-13 布灰

（5）拌和

掺灰后立即用灰土拌合机拌和（图 7-14），至少拌和两遍，直至土体与掺合料完全结合，即可停止拌和（图 7-15）。

图 7-14 布灰完成图

图 7-15 拌和示意图

（6）稳压、刮平

拌和完成后即进行稳压（图 7-16），随后采用平地机进行精平，为了保证路堤顶面的排水，一般路段整平时做出不小于 2% 的双向横坡（图 7-17）。

图 7-16 稳压后示意图

图 7-17 刮平机刮平

（7）碾压

碾压采用羊足碾进行碾压（图 7-18），根据试验路确定的压实遍数进行压实，压实完成后用平地机进行整平，整平后用光轮压路机进行光面处理。压路机由路缘向路中心错位碾压，错位重叠宽度不小于 40cm，碾压行驶速度不超过 4km/h，碾压做到无漏压、无死角，确保碾压均匀（图 7-19）。

图 7-18 羊足碾压实示意图

图 7-19 施工碾压完成示意图

（8）试验检测

在每一层碾压结束之后，对已填路基采用灌砂法进行压实度检测（图 7-20）。在路堤区填筑完成后，对路堤顶部的弯沉值和动静回弹模量进行检测（图 7-21～图 7-26）。

根据试验效果对最佳含水率、最佳碾压设备、最佳碾压遍数进行确定及对压实度、弯沉、回弹模量数据进行收集。

第 7 章 黄泛区高液限黏土改性填筑路基技术

图 7-20 灌砂法检测压实度

图 7-21 贝克曼梁

图 7-22 贝克曼梁法检测弯沉

图 7-23 承载板法现场检测图

图 7-24 承载板法检测回弹模量

图 7-25　落锤式弯沉仪　　　　　　图 7-26　动态弯沉、动态回弹模量检测

(9) 包边土施工

在高液限黏土作为填土进行路堤填筑的施工过程中,必须要有包边土施工。

包边土采用液限＜50%、塑性指数＜26,渗透系数小于 10^{-4} 的粉质黏土,在本试验段施工过程中,采用高液限黏土填料与包边土同步进行填筑的施工方法(图7-27),本方法在质量控制方面较容易实现。

包边土填筑宽 1m,松铺厚度与所填高液限黏土保持一致,保证高液限黏土填料与包边土处于相对水平的状态。施工前应准确测放出路堤边线及高液限黏土填料与包边土的分界线(图7-28)。

图 7-27　包边土上土　　　　　　　图 7-28　包边土边界

(10) 防雨处置

由于高液限黏土水敏感性强,在含水率较高时强度低,且难以晾晒,因此在降雨前必须提前进行覆盖,保证土体少受降雨的影响。由于路堤填筑工作多在春夏两季进行,天气状况多变,需注意防雨工作(图7-29)。在本试验段施工过程中,遭遇了两次降雨的影响。因此,在进行高液限黏土路堤填筑工作过程中,必须实时关注天气状况的变化,提前采取防雨措施(图7-30)。

第 7 章 黄泛区高液限黏土改性填筑路基技术

图 7-29 盖雨布防雨

图 7-30 防雨效果

(11) 补水处理

由于高液限黏土具有土体表面易失水形成硬壳层的特点，故会产生表面含水率过低，表层浮土过多而导致压实困难的现象，因此，在施工碾压前应注意观察土体表面含水和土体性状，若出现上述状况，可在施工前采用洒水车进行补水处理，使表层土体润湿，提高施工和易性（图 7-31、图 7-32）。

图 7-31 洒水车补水

图 7-32 洒水车补水

7.6 试验路数据分析

根据对高液限黏土试验段施工过程的全程监测，现对试验段施工总结，确定晾晒时间与方法，比较不同压实工艺对路基压实效果的影响，确定最优的压实工艺组合。

(1) 晾晒

根据高液限黏土的特性，将高液限黏土作为路堤填料利用时，必须解决其高

149

天然含水率、高液限和高塑性指数问题。高液限黏土的天然含水率普遍很高,要降低至最佳含水率附近比较难。但填料若在含水率较低时填筑,土体过于坚硬,难以破碎和碾压;一旦吸水浸湿后,含水率又很难降低,难以得到较高的压实度。

因此,在试验段施工过程中必须对试验段的含水率变化进行全程实时监测,以确定最佳晾晒步骤与晾晒时间。各施工步骤后的含水率变化如图7-33~图7-36所示。

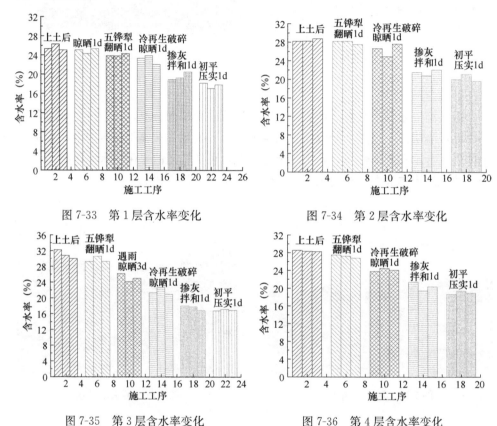

图7-33 第1层含水率变化

图7-34 第2层含水率变化

图7-35 第3层含水率变化

图7-36 第4层含水率变化

对各层含水率变化进行分析,各施工步骤的晾晒效果如表7-4所示。

各施工步骤含水率降低值(%)　　　　　　　　表7-4

施工步骤	第1层	第2层	第3层	第4层	平均值
五铧犁翻晒	0.67	0.41	1.32	1.17	0.89
冷再生破碎	0.89	1.56	3.47	3.03	2.24
掺灰拌和	3.54	4.93	4.1	3.73	4.08
施工碾压	1.83	1.16	0.59	1.38	1.24

由含水率变化柱状图（图 7-33～图 7-36）可知，高液限黏土天然含水率在 27%～32%之间，前期晾晒 0.5～1d 后，采用五铧犁对土体进行翻晒，将土体进行初步破碎。晾晒表面土体较为坚硬后，可采用冷再生拌合机对土体进行 1～2 遍破碎，至黏块直径小于 5cm，进一步晾晒 1d，至含水率＜25%，即可进行掺灰拌和，拌和过程含水率继续降低，拌和完成约 0.5d 后，至含水率＜22%，即可进行施工碾压。

各步骤土体性状如图 7-37～图 7-42 所示。

图 7-37　上土后土体性状

图 7-38　五铧犁翻拌后土体性状

图 7-39　冷再生破碎后土体性状

图 7-40　布灰后土体性状

图 7-41　拌和完成后土体性状

图 7-42　碾压后土体性状

(2) 施工机械的选择

在第1层施工过程中,将道路分为两幅,左幅采用光轮压路机进行碾压,右幅采用羊足碾压路机进行碾压。羊足碾和光轮碾压路机的工作质量均为22t,宽220cm,羊足碾的羊足块体积为 14cm×11cm×8cm。每次碾压完成后,采用环刀法快速检测土体压实度(图7-43、图7-44),至压实度达到规范要求即可停止碾压。比较两种碾压机械的压实效果。

图7-43 环刀法取点

图7-44 环刀法检测土体压实度

图7-45～图7-47表明,对于黄泛区高液限黏土,在进行路堤填筑时,采用羊足碾进行碾压效果要好于光轮碾。从第1遍碾压开始,羊足碾区域的压实度就高于光轮碾区域,两种碾压机械碾压的表层压实度区别不大,但随着深度的增加,羊足碾压路机的压实效果明显好于光轮碾压路机。因此,在进行高液限黏土填筑路基施工时,建议使用羊足碾作为碾压机械。

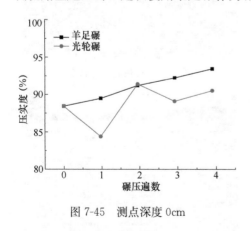

图7-45 测点深度0cm

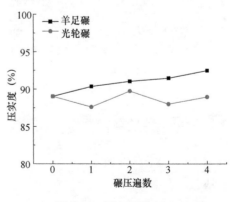

图7-46 测点深度15cm

(3) 松铺厚度的选择

由于在路堤填筑过程中采用分层填筑压实的施工方法,因此,确定适当的松

第7章 黄泛区高液限黏土改性填筑路基技术

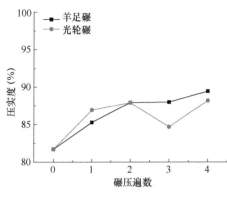

图 7-47 测点深度 25cm

铺厚度对路堤填筑的质量和效率都具有重大意义。在试验路第 2 层铺筑过程中，将试验段分为两幅，左幅选择 25cm 松铺厚度，右幅选择 30cm 松铺厚度，在每次碾压完成后，采用环刀法快速检测土体压实度，至压实度达到规范要求即可停止碾压。比较两种不同松铺厚度的压实效果，以确定最佳松铺厚度。

由图 7-48 可知，松铺厚度为 30cm 时，碾压效果要优于 25cm 时，4 次碾压后便可达到路堤区 93% 压实度的要求。表面处压实效果差异较大，原因可能是由于松铺厚度小导致表面失水速度快，含水率较低，以致难以压实，随压实遍数的增加，水分上升使压实效果提高。

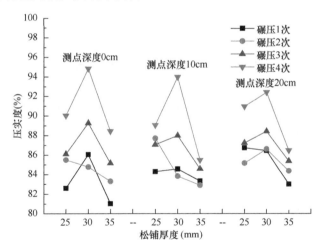

图 7-48 不同松铺厚度对压实度的影响

分析可知，当路堤松铺厚度过小时，表层水分散失过快，施工中需多次洒水，不经济；当松铺厚度超过 30cm 时，拌合机拌和效率低下且不宜拌和均匀。因此，选择 30cm 作为高液限黏土路堤填筑施工过程的最佳松铺厚度。

（4）碾压次数的确定

在通过试验确定最佳松铺厚度和碾压机械后，同时对碾压遍数对压实度的影响进行分析，以确定最佳碾压遍数，提高施工质量、效率和经济性。

由图 7-49 可知，在采用羊足碾进行碾压，松铺厚度为 30cm 时，羊足碾碾压 4 遍即可达到最佳压实遍数。碾压超过 5 遍时，会出现弹簧土现象。

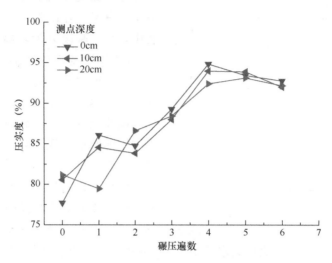

图 7-49 压实度与碾压遍数关系曲线

对其原因进行分析,可知在碾压的前 4 次,凸轮可以刺破路基土体,使土中气体逸出,水分上移消散,孔隙压缩,土颗粒挤密,密实度增长至稳定状态。因此,碾压工艺可采用羊足碾压路机碾压 4 遍＋光轮压路机收面 1 遍。

(5) 土压力检测

在试验路段施工碾压过程中,提前埋设土压力盒,以监测碾压过程中土压力变化情况。按埋深 10cm 和 15cm 分别进行埋设,提前对埋设位置撒灰进行标注,分别统计羊足块完全碾压到土压力盒上和未碾压上的土压力数据(图 7-50、图 7-51)。

图 7-50 羊足块示意图

图 7-51 土压力盒埋设

由图 7-52 可知,在采用羊足碾进行碾压时,初始阶段,埋深较浅处土压力较大,随着碾压遍数的增加,埋深越深的点土压力增长速度越快。

第7章 黄泛区高液限黏土改性填筑路基技术

随着碾压遍数的增加，土体逐渐压实，对于压力的传递效果也就越好，土压力不断增大。这与前面压实度随碾压遍数变化的数据分析相匹配，即碾压遍数过多时，过大的压力会使已压密的硬壳层土体结构发生破坏，产生裂隙，土中气、水沿着裂隙排出，导致压实度降低，产生"弹簧土"现象。

对羊足块碾压区域和空隙处碾压区域的土压力进行对比，由图 7-52 和图 7-53 可知，二者土压力差距较大，最大可差至 0.38MPa。由此可知，碾压时必须进行充分碾压，以防空隙区域压实度过低。

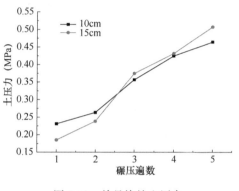

图 7-52 羊足块处土压力

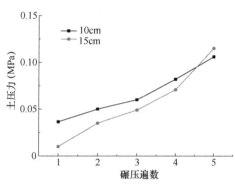

图 7-53 空隙处土压力

对羊足碾碾压第 5 次的土压力与光轮碾收面时的土压力进行对比，由图 7-54 可知，羊足碾的压力约为光轮碾的两倍。由于羊足碾单位面积产生的土压力更大，从而能够更好地刺破土体表层硬壳，使土体碾压更加充分。因此，羊足碾是更加适合高液限黏土施工碾压的压实机械，这也与压实度的检测结果相对应。

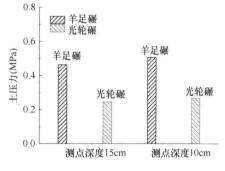

图 7-54 羊足碾、光轮碾土压力对比

(6) 压实度检测

每层施工碾压完成后，采用灌砂法对本层压实度进行检测，作为施工验收的指标，若压实度未满足《公路路基施工技术规范》JTG D30—2015 对于路堤区 93% 压实度的要求，应进行补压等处理，待检测结果满足要求后方可进行下一层的施工作业。

每一层的压实度和含水率如表 7-5 所示。

每一层碾压后含水率和压实度 　　　　　表 7-5

	含水率（%）	压实度（%）
第 1 层	18.45	94.78
第 2 层	20.82	93.06
第 3 层	18.10	93.45
第 4 层	21.42	93.18

由表 7-5 可知，将含水率控制在 $w_{opt}-1\%\sim w_{opt}+3\%$ 范围内，压实度均可以达到《公路路基施工技术规范》JTG D30—2015 对于路堤区 93% 压实度的要求。

（7）弯沉检测

根据《公路路基施工技术规范》JTG D30—2015 以回弹弯沉作为路基施工验收的指标，回弹弯沉检测按照规范要求是在路基顶层的 40cm 灰土层填筑完成后进行，容许回弹弯沉按回弹模量 40MPa 计算为 211（0.01mm），按回弹模量 30MPa 计算为 282（0.01mm）。在高液限黏土路堤填筑完成后，采用贝克曼梁法对路堤顶部的回弹弯沉值进行检测。

路堤顶部回弹弯沉值　　　　　表 7-6

点位	回弹弯沉（0.01mm）
1	237
2	201
3	221
平均值	219.6

由表 7-6 弯沉检测结果看，即使路堤土体压实度达到 93% 以上，弯沉量均值仍在 219.6（0.01mm），略微超过了路床区的规范允许值。若继续利用该土填筑路床，可以考虑路堤采用 6%IB-1 改性的高液限黏土进行填筑，路床区采用 6%IB-1+2% 水泥进行填筑。

（8）静态回弹模量检测

在进行公路路基设计时以回弹模量作为设计指标，根据《公路路基路面现场测试规程》JTG 3450—2019，采用承载板法测定路堤顶部静态回弹模量，各个测点的回弹变形和回弹模量测量值如图 7-55～图 7-60 所示。

第7章 黄泛区高液限黏土改性填筑路基技术

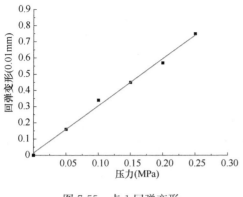

图 7-55 点 1 回弹变形

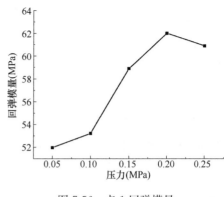

图 7-56 点 1 回弹模量

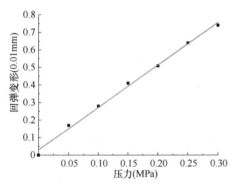

图 7-57 点 2 回弹变形

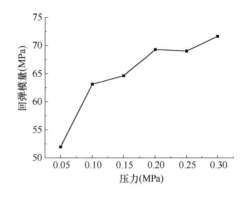

图 7-58 点 2 回弹模量

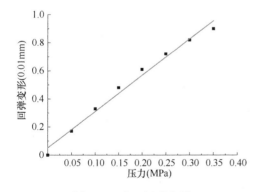

图 7-59 点 3 回弹变形

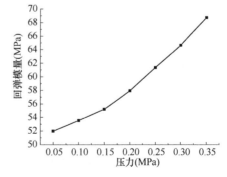

图 7-60 点 3 回弹模量

路堤顶部回弹模量 表7-7

点号	回弹模量（MPa）	点号	回弹模量（MPa）
1	61.8	3	61.2
2	67.3	平均值	63.4

计算得到的各测点回弹模量如表7-7所示，对现场承载板法检测得到的路堤顶部回弹模量均值为63.4MPa，其回弹模量满足《公路沥青路面设计规范》JTG D50—2017中对于特重交通路床顶面回弹模量大于60MPa的要求。

（9）动态弯沉、模量检测

根据最新《公路路基设计规范》JTG D30—2015，以动态模量和动弯沉作为路基设计和验收的控制指标。本试验段采用落锤式弯沉仪对动态模量和动弯沉进行检测，检测结果如表7-8所示。

动态模量和弯沉检测结果 表7-8

点号	弯沉（0.01mm）	动态回弹模量（MPa）
1	183.33	85.67
2	237.67	63.67
3	206.00	61.00
4	190.67	95.33
5	193.67	73.33
6	211.00	90.00
7	242.67	60.33
8	156.00	83.00
9	220.33	92.33
10	205.00	85.00
11	226.33	60.50
12	225.33	67.00
平均值	208.02	76.4

路基顶面的验收弯沉值 l_g，应按式（7-1）计算：

$$l_g = \frac{176 pr}{E_0} \tag{7-1}$$

式中：l_g——路基顶面验收弯沉值（0.01mm）；

p——落锤式弯沉仪承载板施加荷载（MPa）；

r——落锤式弯沉仪承载板半径（mm）；

E_0——平衡湿度下回弹模量（MPa）。

按照最不利湿度下的折减系数0.7，计算所得路基顶面验收弯沉值为258.7

(0.01mm)。

路基顶面代表弯沉值按式（7-2）计算：

$$l_0 = (\bar{l}_D + \beta \cdot S) K_1 \tag{7-2}$$

式中：$\bar{l}_D$ ——路段内实测路基顶部弯沉值平均值；

β ——目标可靠指标，高速公路取 1.65；

S ——路段内实测路基顶部弯沉值标准差；

K_1 ——路基顶面弯沉湿度影响系数。

计算所得路基顶面代表弯沉值 $l_0 = 269.16$（0.01mm），略高于路床顶面验收弯沉值。

路基回弹模量代表值可按式（7-3）进行计算：

$$E_0 = \overline{E_0} \cdot Z \tag{7-3}$$

式中：E_0 ——路基回弹模量代表值；

$\overline{E_0}$ ——路基回弹模量平均值；

Z ——折减系数，取 0.7。

计算所得路基顶面代表动态回弹模量 E_0 为 55.18MPa，满足宁梁高速重型交通荷载 50MPa 的动模量指标要求。

7.7 成本估算

高液限黏土多作为弃方土料，占用大量土地，在计算时仅计算运输成本，按照 0～10 元/m³ 测算。生石灰的原材料价格在 400～500 元/t，但受环保压力限制开采，市场价格波动较大，采购来源不稳定。IB-1 原材料按照出厂价 120 元/t 计算，运费按照 0.7 元/km 测算。若仅考虑素土和改性剂的材料价格，未考虑施工费用，普通土、石灰改性高液限黏土、IB-1 改性高液限黏土的材料综合成本为 30～40 元/m³、32～50 元/m³ 和 14.4～34 元/m³，详见表 7-9。

成本估算　　　　　　　　　　　　　　　　表 7-9

	土料（元/m³）	改性剂（元/t）	掺量	材料综合成本（元/m³）	备注
高液限黏土，石灰改性	0～10（运距 15km）	400～500	4%/t	32～50	仅考虑素土和改性剂的材料价格，未计算施工费用
高液限黏土，IB-1 改性	0～10	120～200（运距 0～100km）	6%/t	14.4～34	
普通填土	30～40	—	—	30～40	

参 考 文 献

[1] 姚占勇. 黄河冲淤积平原土的工程特性研究[D]. 天津：天津大学，2006.
[2] 吴宏，刘银宝. 土的分类中塑性指数与黏粒含量的关系[J]. 中国市政工程，2008(1)：62-63，67，96-97.
[3] 商庆森，姚占勇，刘树堂. 黄河三角洲地区道路用土的特性研究[J]. 公路交通科技，1996(3)：10-14，32.
[4] 杨申富. 济徐高速济宁至东平段第三合同弱膨胀高液限土改良研究[J]. 新材料新装饰，2014(12)：475-476.
[5] 黄灿森. 高液限土的特性分析及其处治方法[J]. 公路交通科技（应用技术版），2008(3)：64-67.
[6] 李旭瑞. 高液限黏土压实特性及强振碾压工艺研究[D]. 西安：长安大学，2012.
[7] 刘江，张荣堂，严东方. 高液限黏土压实性能的试验[J]. 华侨大学学报（自然科学版），2007(3)：316-319.
[8] 李秉宜，宣剑裕，郑文斌，等. 改良高液限黏土水稳定性试验研究[J]. 四川大学学报（工程科学版），2016，48(4)：54-60.
[9] 吴立坚，钟发林，吴昌兴，等. 高液限土路基填筑技术研究[J]. 中国公路学报，2003(1)：33-36，40.
[10] 田见效. 高液限黏土路基填筑技术研究[D]. 西安：长安大学，2007.
[11] 梁军林. 高液限黏土的工程性质和应用[J]. 广西交通科技，2000(S1)：12-14.
[12] 方庆军，洪宝宁，林丽贤，等. 干湿循环下高液限黏土与高液限粉土压缩特性比较研究[J]. 四川大学学报（工程科学版），2011，43(S1)：73-77.
[13] 陈晓平，周秋娟，蔡晓英. 高液限花岗岩残积土的物理特性和剪切特性[J]. 岩土工程学报，2011，33(6)：901-908.
[14] 周密. 阳茂高速公路高液限土路基修筑技术研究[D]. 长沙：长沙理工大学，2007.
[15] 程涛，洪宝宁，程江涛. 云罗高速公路沿线高液限土承载比影响因素分析[J]. 河海大学学报（自然科学版），2013，41(5)：434-438.
[16] 施有志. 高液限土路堤填筑技术研究[J]. 铁道标准设计，2006(11)：7-10.
[17] 中华人民共和国交通运输部. 公路路基施工技术规范：JTG/T 3610—2019[S]. 北京：人民交通出版社，2019.
[18] 欧钊元，王金建，张玉群，等. 南水北调东线山东境内裂隙黏土研究[J]. 南水北调与水利科技，2008(1)：85-91.
[19] 姚占勇，高慧，郝连娟. 公路建设对黄泛平原盐碱区生态环境脆弱性的影响[J]. 中外公路，2010，30(4)：25-30.

[20] 祝学勇,刘海威,马晓燕,等. 黄泛区湖淤积高液限黏土的改性研究[J]. 山东大学学报(工学版),2019,49(1):83-90,113.

[21] 中华人民共和国交通运输部. 公路土工试验规程:JTG 3430—2020[S]. 北京:人民交通出版社,2020.

[22] 文浩,尹俊红,韩长玉,等. 河南中东部黄泛区粉土物理特性区域差异性实验研究[J]. 河南大学学报(自然科学版),2018,48(5):623-630.

[23] 贾志刚. 黄泛区粉土水力特征参数研究[D]. 武汉:中国地质大学,2017.

[24] 卢肇钧,张惠明,陈建华,等. 非饱和土的抗剪强度与膨胀压力[J]. 岩土工程学报,1992(3):1-8.

[25] 张国栋,李铭,张华. 路基施工中"弹簧土"的处理[J]. 筑路机械与施工机械化,2000(3):34-35.

[26] 周洪文,仇在林. 考虑干密度与含水率的压实粉土持水性能研究[J]. 路基工程,2016(1):92-95.

[27] 袁玉卿,李伟,郭涛,等. 豫东黄泛区粉砂土的水稳定性研究[J]. 河南大学学报(自然科学版),2015,45(2):235-238.

[28] 万智. 细粒土的压实特性与潮湿地区公路路基填筑控制技术研究[D]. 长沙:中南大学,2010.

[29] 蒋新强. 公路工程中路基填筑的施工技术[J]. 工程机械与维修,2021(6):178-179.

[30] 吴立坚,钟发林,吴昌兴,等. 高液限土的路用特性研究[J]. 岩土工程学报,2003(2):193-195.

[31] 刘银生. 高液限黏土适于直接填筑分类指标研究[J]. 中南公路工程,2004(1):59-60+84.

[32] 杨献章,万智,何美艳,等. 结合规范谈对高速公路红黏土路基填筑中几个问题的探讨[J]. 湖南交通科技,2010,36(1):33-35,56.

[33] 刘鑫,洪宝宁. 高液限土工程特性与路堤填筑方案[J]. 河海大学学报(自然科学版),2011,39(4):436-443.

[34] 蒋久明. 砂砾、碎石等粒料改良高液限黏土用于路基填筑技术[J]. 黑龙江交通科技,2019,42(5):31,33.

[35] 李莉,裴国辉,李广森. 高液限黏土的碾压技术[J]. 中国港湾建设,2001(1):37-39.

[36] 肖芳芳. 高液限土物理特性与路基填筑试验研究[J]. 福建交通科技,2018(2):1-4.

[37] 许海亮,何兆才,肖剑,等. 高液限黏土路堤路用碾压工艺试验研究[J]. 河南城建学院学报,2019,28(1):51-54,72.

[38] 龚先兵. 湖南宁道高速公路红黏土路基填筑[J]. 公路交通科技(应用技术版),2010,6(3):90-92,102.

[39] 秦义保，苏震. 高液限黏土路基填筑的可行性研究[J]. 广西交通科技，2001(2)：67-69，80.

[40] 文畅平. 路基填筑碾压工艺及质量控制的研究[D]. 长沙：中南大学，2005.

[41] 高大钊，袁聚云. 土质学与土力学[M]. 北京：人民交通出版社，2001.

[42] 邓学钧. 路基路面工程[M]. 北京：人民交通出版社，2000.

[43] 陈善雄. 膨胀土工程特性与处治技术研究[D]. 武汉：华中科技大学，2006.

[44] LEONG E C, TRIPATHY S, RAHARDJO H. Total suction measurement of unsaturated soils with a device using the chilled-mirror dew-point technique. Geotechnique，2003，53(2)：173-182.

[45] LI H，SEGO D C. Equation for Complete Compaction Curve of Fine-grained Soils and Its Applications[C]// Constructing and Controlling Compaction of Earth Fills. Department of Civil and Environmental Engineering，University of Alberta，Edmonton，Alberta，Canada T6G 2G7，2000.

[46] 刘艳华，龚壁卫，苏鸿. 非饱和土的土水特征曲线研究[J]. 工程勘察，2002(3)：8-11.

[47] 杨和平，张锐，郑健龙. 非饱和膨胀土总强度指标随饱和度变化规律[J]. 土木工程学报，2006(4)：58-62.

[48] 陈景星. 南邓高速公路膨胀土路基处治技术研究[D]. 西安：长安大学，2007.

[49] 凌建明，陈声凯，曹长伟. 路基土回弹模量影响因素分析[J]. 建筑材料学报，2007(4)：446-451.

[50] 张世洲，凌建明，罗志刚，等. 路基土动态模量试验研究[J]. 北方交通，2008(6)：18-21.

[51] 刘树堂，曹卫东，李英勇，等. 承载板测土基回弹模量关键技术分析与新计算方法[J]. 中国公路学报，2014，27(1)：23-29.

[52] ROLLINS K M, JORGENSEN S J, ROSS T E. Optimum moisture content for dynamic compaction of collapsible soils[J]. Journal of geotechnical and geoenvironmental engineering，1998，124(8)：699-708.

[53] 龚新法，方焘，袁民豪. 标准击实试验的一种数据处理方法研究[J]. 华东交通大学学报，2004(5)：74-76.

[54] 杨果林，刘义虎. 膨胀土路基含水率在不同气候条件下的变化规律模型试验研究[J]. 岩石力学与工程学报，2005(24)：4524-4533.

[55] YAO Y P, CUI W J, WANG N D. Three-dimensional dissipative stress space considering yield behavior in deviatoric plane[J]. Science China (Technological Sciences)，2013，56(8)：1999-2009.

[56] N. GANGADHARA REDDY, JANARDHAN TAHASILDAR, B, HANUMANTHA RAO. Evaluating the Influence of Additives on Swelling Characteristics of Expansive Soils[J]. International Journal of Geosynthetics and Ground，2015，1(1)：

1-13.

[57] 陈正汉，郭楠. 非饱和土与特殊土力学及工程应用研究的新进展[J]. 岩土力学，2019，40(1)：1-54.

[58] Standard A. D5298. Standard Test Method for Measurement of Soil Potential (Suction) Using Filter Paper. ASTM International，West Conshohocken，PA，2003，52-54.

[59] 黄志全，岳康兴，李幻，等. 滤纸法测定非饱和膨胀土土水特征曲线试验[J]. 南水北调与水利科技，2015，13(3)：482-486.

[60] 钱劲松，李嘉洋，周定，等. 考虑吸力效应的非饱和黏土回弹模量预估模型[J]. 岩土力学，2018，39(1)：123-128.

[61] 刘小文，常立君，胡小荣. 非饱和红土基质吸力与含水率及密度关系试验研究[J]. 岩土力学，2009，30(11)：3302-3306.

[62] FREDLUND D G，XING A，MD FREDLUND，et al. The relationship of the unsaturated soil shear strength to the soil-water characteristic curve[J]. Can. geotech. j，1995，32(3)：440-448.

[63] 李广信，吕禾. 土强度试验的排水条件与强度指标的应用[J]. 工程勘察，2006(3)：11-14，49.

[64] 蔡渊蛟，裴生虎，丁荣富. 直接快剪试验条件对抗剪强度的影响[J]. 西部探矿工程，2003(12)：40-42.

[65] ABDELKRIM M，BONNET G，BUHAN P D．A computational procedure for predicting the long term residual settlement of a platform induced by repeated traffic loading[J]. Computers & Geotechnics，2003，30(6)：463-476.

[66] 申春妮，方祥位，王和文，等. 吸力、含水率和干密度对重塑非饱和土抗剪强度影响研究[J]. 岩土力学，2009，30(5)：1347-1351.

[67] 张珂，刘正银，单红仙，等. 黄河三角洲细粒土微振液化分析[J]. 岩石力学与工程学报，2006(S1)：3144-3151.

[68] 刘红军，王小花，贾永刚，等. 黄河三角洲饱和粉土液化特性及孔压模型试验研究[J]. 岩土力学，2005，26(S2)：83-87.

[69] 胡瑞林，李焯芬，王思敬，等. 动荷载作用下黄土的强度特征及结构变化机理研究[J]. 岩土工程学报，2000(2)：174-181.

[70] 熊承仁，刘宝琛，张家生. 重塑黏性土的基质吸力与土水分及密度状态的关系[J]. 岩石力学与工程学报，2005(2)：321-327.

[71] 徐健康. 浅谈高速公路施工中的质量控制[J]. 福建建材，2009(5)：36-38.

[72] BISHOP A W，ALPAN I，BLIGHT G E，et al. Factors controlling the strength of partly saturated cohesive soils. ASCE Res. Conf. On Shear Strength of Cohesive，1960，503-532.

[73] 管延华，庄培芝，李红超，等. 浸水粉土路基竖向稳定性模型试验研究[J]. 土木

建筑与环境工程，2013，35(3)：12-17.

[74] 蒋宗岑. 高速公路既有路基湿度状态及强度评价研究[D]. 西安：长安大学，2014.

[75] SMETHURST J A, CLARKE D, POWRIE W. Factors controlling the seasonal variation in soil water content and pore water pressures within a lightly vegetated clay slope[J]. Géotechnique, 2012, 62(5)：429-446.

[76] 贾朝霞, 朱海波, 商庆森, 等. 黄泛区粉性土路基基本特性与施工技术探讨[J]. 公路交通科技，2008(9)：52-57，62.

[77] 宋修广, 张瑜洪, 张海忠, 等. 黄泛区粉土路基强度衰减对路面结构的影响分析[J]. 公路交通科技，2010，27(5)：30-35.

[78] 郭富利, 张顶立, 苏洁, 等. 地下水和围压对软岩力学性质影响的试验研究[J]. 岩石力学与工程学报，2007(11)：2324-2332.

[79] HEITOR A, INDRARATNA B, RUJIKIATKAMJORN C. Laboratory study of small-strain behavior of a compacted silty sand[J]. Canadian Geotechnical Journal, 2013, 50(2)：179-188.

[80] 孙淑勤, 李雯, 张佩旭. 中、日公路土质路基压实控制方法比较[J]. 国外公路，2001(2)：37-39.

[81] 毛洪录, 曹卫东, 商庆森, 等. 含砂低液限粉土路基压实标准的探讨[J]. 山东大学学报(工学版)，2003(5)：593-596.

[82] KIM B S, SHIBUYA S, PARK S W, et al. Application of suction stress for estimating unsaturated shear strength of soils using direct shear testing under low confining pressure. Canadian Geotechnical Journal, 2010, 47(9)：955-970.

[83] 邱欣, 钱劲松, 张世洲. 基于基质吸力的黏性路基土动态回弹模量预估模型研究[J]. 水文地质工程地质，2011，38(3)：49-53，58.

[84] 冉武平, 李玲, 陶泽峰. 基于正交试验的路基回弹模量影响因素分析[J]. 公路工程，2015，40(5)：40-44，55.

[85] ANON. Dynamic compaction used to solve Montana soils problem[J]. Better Roads, 1986, 56(7)：40.

[86] SIMONA SABA, JEAN-DOMINIQUE BARNICHON, YU-JUN CUI, et al. Microstructure and anisotropic swelling behaviour of compacted bentonite/sand mixture[J]. Journal of Rock Mechanics and Geotechnical Engineering, 2014, 6(2)：126-132.

[87] 蒋红光, 曹让, 马晓燕, 等. 考虑路基平衡湿度状态的黄泛区中高液限黏土抗剪强度研究[J]. 岩石力学与工程学报，2018，37(12)：2819-2828.

[88] 蔡袁强, 赵莉, 曹志刚, 等. 不同频率循环荷载下公路路基粗粒填料长期动力特性试验研究[J]. 岩石力学与工程学报，2017，36(5)：1238-1246.

[89] 林小平, 李兴华, 凌建明, 等. 路基土回弹模量湿度调整系数预估研究[J]. 同济大学学报(自然科学版)，2011，39(10)：1490-1494.

[90] 凌建明,苏华才,谢华昌,等. 路基土动态回弹模量的试验研究[J]. 地下空间与工程学报,2010,6(5):919-925.

[91] 陈声凯,凌建明,罗志刚. 路基土回弹模量应力依赖性分析及预估模型[J]. 土木工程学报,2007(6):95-99,104.

[92] 边学成,卢文博,蒋红光,等. 粉土循环累积应变和残余动模量的试验研究[J]. 岩土力学,2013,34(4):974-980.

[93] DELAGE PIERRE. 微观结构对用于工程屏障的高压实膨胀黏土性状的一些作用(英文)[J]. 岩石力学与工程学报,2006(4):721-732.

[94] 弋晓明,李术才,王松根,等. 非饱和粉土回弹模量的应力依赖性与水敏感性耦合分析[J]. 山东大学学报(工学版),2013,43(2):84-88,110.

[95] 陆由付,曹让,马海侠,等. 饱和度对黄泛区中高液限黏土强度与模量的影响研究[J]. 公路,2019,64(8):8-15.

[96] 李志勇,董城,邹静蓉,等. 湘南地区红黏土动态回弹模量试验与预估模型研究[J]. 岩土力学,2015,36(7):1840-1846.

[97] 陈兴伟. 力学-经验路面设计指南(MEPDG)简介[J]. 上海公路,2011(3):1-7+12.

[98] 谷忠岩,陈阳. 公路路基设计概论[J]. 民营科技,2010(7):218.

[99] 洪文江,徐学燕,于皓琳. 季冻区边坡地下水渗流模型试验[J]. 科学技术与工程,2017,17(35):125-133.

[100] 蒋关鲁,兰维维,肖红兵,等. 路基荷载下地基侧向变形的计算方法[J]. 重庆大学学报,2014,37(2):89-97.

[101] VANAPALLI S K, FREDLUND D G, PUFAHL D E. The influence of soil structure and stress history on the soil - water characteristics of a compacted till. Géotechnique,1999,49(2):143-159.

[102] 宋修广,张宏博,王松根,等. 黄河冲积平原区粉土路基吸水特性及强度衰减规律试验研究[J]. 岩土工程学报,2010,32(10):1594-1602.

[103] WERKMEISTER C, JACOB D L, CIHACEK L, et al. Multi-element composition of prairie pothole wetland soils along depth profiles reflects past disturbance to a depth of at least one meter[J]. Wetlands,2018,38(6):1245-1258.

[104] 李晓静,姚凯,李术才,等. 黄泛区饱和粉土动强度特性试验研究[J]. 山东大学学报(工学版),2011,41(3):78-81.

[105] 柳厚祥,余志江,李宁,等. 高液限土工程特性改良的试验研究[J]. 西安理工大学学报,2008(2):144-148.

[106] 王保田,陈桂奇,漆亭亭. 石灰改良过湿土的施工工艺和力学性质[J]. 水利水电科技进展,2006(6):54-57.

[107] 汪海洋,李粮纲,余雷. 水泥和石灰改良路基填料对比试验研究[J]. 水利水运工程学报,2010(2):114-118.

[108] 李儒天. 不同改性材料改良膨胀土无侧限抗压强度的比较试验研究[J]. 三峡大学学报(自然科学版), 2014, 36(3): 56-60.

[109] 李隋, 赵勇胜, 张文静, 等. 三种无机改性黏性土防渗衬里性能研究[J]. 环境科学与技术, 2008(4): 1-4.

[110] 郭爱国, 孔令伟, 胡明鉴, 等. 石灰改性膨胀土施工最佳含水率确定方法探讨[J]. 岩土力学, 2007(3): 517-521.

[111] 陈善雄, 孔令伟, 郭爱国. 膨胀土工程特性及其石灰改性试验研究[J]. 岩土力学, 2002, 23(S1): 9-12.

[112] 林彤, 刘祖德. 粉煤灰与生石灰加固软土的室内试验研究[J]. 岩土力学, 2003(6): 1049-1052.

[113] 冯美果, 陈善雄, 余颂, 等. 粉煤灰改性膨胀土水稳定性试验研究[J]. 岩土力学, 2007(9): 1889-1893.

[114] KIM B, PREZZI M, SALGADO R. Geotechnical Properties of Fly and Bottom Ash Mixtures for Use in Highway Embankments[J]. Journal of Geotechnical & Geoenvironmental Engineering, 2005, 131(7): 914-924.

[115] 叶琼瑶, 陶海燕. 高液限红黏土的改良试验研究[J]. 公路, 2007(1): 148-151.

[116] 孙坚, 耿春雷, 张作泰, 等. 工业固体废弃物资源综合利用技术现状[J]. 材料导报, 2012, 26(11): 105-109.

[117] 朱志铎. 粉土路基稳定理论与工程应用技术研究[D]. 南京: 东南大学, 2006.

[118] 王清. 山东省生态安全评价研究[D]. 济南: 山东大学, 2005.

[119] 艾红梅. 大掺量粉煤灰混凝土配合比设计与性能研究[D]. 大连: 大连理工大学, 2005.

[120] 覃绮平. 土基回弹模量影响因素及其相关关系研究[D]. 西安: 长安大学, 2005.

[121] 马玉兰. 路基路面弯沉验收标准修正方法研究[D]. 西安: 长安大学, 2008.

[122] 刘春原, 窦远明, 戎贤, 等. 高液限黏土填筑高速公路路基的研究[J]. 河北工业大学学报, 1999(04): 64-68.

[123] 曾静, 邓志斌, 兰霞, 等. 竹城公路高液限土与红黏土路用性能的试验研究[J]. 岩土力学, 2006(1): 89-92, 98.

[124] 方涛, 何晓玲. 高液限黏土路基的施工[J]. 湖南交通科技, 2001(2): 28-29.

[125] 陈勇. 山东高速公路沿线区域地质特征及典型地基土承载力确定研究[D]. 青岛: 中国海洋大学, 2005.

[126] 王志强. 粗粒土掺合料掺合工艺与现场碾压试验研究[D]. 武汉: 长江科学院, 2010.

[127] 刘东海, 王爱国, 柳育刚, 等. 基于碾轮振动性态分析的土石坝压实质量实时监测与评估[J]. 水利学报, 2014, 45(2): 163-170.